綾小路きみまろ

人生は70代で決まる

GS 幻冬舎新書 651

まえがき

みなさん、こんにちは。綾小路きみまろです。

私は52歳でブレイクしたのですが、一昨年になんと古希《こき》になりました。歩くと膝がコキコキ鳴っている。そんな70代に突入したのです。

一般的に70代というと、「おじいさん」というイメージがあるかもしれません。ですが、実際に70代になってみると、あらびっくり、精神的には10代のままなのです。

みなさん、想像してみてください。中身は10代、外見は70代のおじいさんを……。

「ちょっと不気味だわ」という声が聞こえてきそうですが、この本を手にとってくださっている70代の方は、みなさん領《うなず》かれているはずです。

人間の心と体というのは、そういうものなのです。

そして私は、人生は「70代が勝負」、つまり「70代で決まる」と思っています。なぜなら、70代というのは多くの方にとって、おそらく元気に過ごせるラストチャンスの10年間だからです。

あの世に召される前の10年間を満足のいくように生きられれば、死ぬ瞬間に「いい人生だった……」といえると思うのです。私は昔から、「いい人生だった」と思って旅立ちたいと思っていましたが、いよいよ勝負の70代に突入したかと、少々鼻息が荒くなっております。

一方で、体の衰えをガクッと感じるようになるのも70代です。

だからこそ70代は、自分を適度に律しながら、最高の10年間にすべく、やるべきことをしつつ、後悔しないよう楽しんだほうがいいと思っています。

ところで、60代までなら、誰でも比較的体力に自信がありますし、仕事をしていると友人知人もいて、それなりに楽しく過ごせるでしょう。

でも、70代からは違います。これまで積んできた「徳」がものをいい始めるのです。

え？　仕事ばかりして、何も「徳」を積んでこなかったから、心もとない？

みなさんの心の声が聞こえてきました。

でも、ご安心ください。人生において遅すぎることは何一つないのです。

そう考えると、「終活」なんてそっちのけで、生きる力がモリモリ湧いてきませんか？

大事なことだからくり返しますが、**70代の10年間をどう過ごすかで、「いい人生だった」か「そうでもなかった」かが決まる**のです。

当然、70代はいいことばかりではありません。想定外のことはいくらでも起きるでしょう。

でも、「こんなはずじゃなかった……」ではなく、「毎日が発見だらけだ」と思うのです。**未知との遭遇の毎日は、考えようによっては、とてもエキサイティング**です。

私なんて、できないことが増える毎日に孤軍奮闘で、忙しくて寝る時間もないほどです。

退屈している暇なんてありません。輝ける70代へのご案内を、私が本書で務めさせていただきます。それではみなさん、さっそく参りましょう。

綾小路きみまろ

人生は70代で決まる／目次

構成　髙木真明
DTP　美創

第1章

70代を小気味よく生きる

人は最後までのぼり詰め、頂点で死ぬ

「年を取ると、いいことなんか何もない」

そういわれる方は、少なからずいます。これまでいろいろな体験をし、人生を楽しんできたんだから、もう十分だという気持ちは理解できます。

ただ、年を取っていいことは何もないという考え方に対しては、私は決してそんなことはないと思いますし、むしろこれからが人生の本番だという考えをもっています。

私自身71歳にもなると、もの覚えが悪くなったなとか、気づくとあれもこれもできなくなっているとか、「年を取るというのは、こういうことか」と感じることはしばしばありますが、だからこそ、「いよいよ自分も人生の総仕上げの時期に突入したんだな」と思って、やる気がみなぎってきます。

仮に年を重ねることがよくないことばかりだとすれば、極端なことをいえば、「人

生60年」といった昔のように、寿命なんて短くてもいいじゃないのということにもなりかねません。

ちなみに平均寿命は、ここ100年ほどの間に驚くほど伸びています。明治時代は43歳程度、江戸時代はおおよそ31歳、もっともっと遡《さかのぼ》って縄文時代なんかは18歳くらいだったそうです。

それを考えると、長生きをすると、昔の人がしたくてもできなかったいろいろなことができるわけで、私なんかは「ありがたいなあ」と思いながら、毎日を過ごしています。

ある著名な医師の方が「人生後半は下り坂なんかじゃない。むしろ最後まで人間はのぼり詰めて、頂点で死ぬんだ」とおっしゃっていましたが、「なるほど、いいことをいうなあ」と思って聞いていました。

死ぬまでのぼり続けていくというのは、ちょっとしんどい気もしますが、ある意味、真実だと私は思います。

だって、人は生きている限り、なんらかの経験を絶えず積み重ねていきます。自分が経験することの数は死ぬまで増え続けるわけですから、それに比例して、感動する回数も増えますよね。

私も舞台が終わって、お客さんが嬉しそうに拍手をしてくださると、「もう死んでもいい」と思うほどの気持ちになります（本当に死んだら困りますが）。

舞台でなくとも、畑に実った野菜を収穫して近所の方たちに配っているとき「わあ、ありがとうございます！」とお礼をいわれるだけでも、「生きててよかったなあ〜」と満たされた気持ちになります。

このように生きている限りは人の役に立てて、幸せを感じる瞬間があるわけですから、「人間は頂点で死ぬんだ」という医師の話は、なるほどその通りだなと思わされるのです。

そして70代というのは、おそらく健康で毎日を過ごせるラストチャンスの10年になるかもしれません。だからこそ、この10年間の過ごし方で「人生が決まる」といっても過言ではないと思うのです。

「もはや自分で野菜をつくる体力がなく、寝たきりになった場合も、人生はのぼり続けられるのですか？」

そんな声が聞こえてきそうです。

私の答えは、もちろん「イエス」です。

寝たきりになったり、要介護状態になった場合は、人の助けが必要となります。誰しも、必ずそのような状態になるのです。そういうときは、お世話してくれた人に対して、心から「ありがとう」といえばいいのです。そうすると、お世話してくれた相手は「喜んでもらえてよかった」と嬉しく感じるはずです。

相手にそのような気持ちになってもらうことで、あなたも相手に感動を与えているのです。

もちろん、人生はいいことばかりではありません。

長く生きていれば、それだけ家族や親しい友人の死に直面する回数は増えるでしょう。それに比例して、涙を流すことも多くなるはずです。

でも、**旅立った人たちに泣きながら「今まで、ありがとう」と感謝の念を抱けば、その人は精神的に「のぼり続けていく」**といってもいいんじゃないかと思うのです。

年を取ると、体の穴がすべて緩む

年を重ねていくことによるいいことって、あとは何でしょうか。競おうとする相手が少なくなってくることも、そういえるかもしれません。

60歳、70歳にもなれば、勉強や仕事で競争し、見栄を張り合うという機会は、もうあまりないでしょう。競争しようというエネルギーそのものも少なくなってくるのでしょうが、競わなくていい分、肩の力が抜けて楽になり、本音で生きやすくなると思うのです。

私自身も気がつくと、競争を意識するような相手がいなくなって、自分の芸だけに集中していればいいやという感じです。お笑い系の大衆芸能の世界でも、現役でやっていて私より年上の人は数えるほどで、あとはみな若い人ばかりです。

どこか寂しくもありますが、反面、身軽な清々《すがすが》しさもあります。

年を取ることでよいことをもう一つあげるとすれば、人生の味わい方が深くなってくることかもしれません。

たとえば、野菜を育てることに対しても、昔であれば、つややかに育った実を見て、こういう料理にするといいなとか、単に実用的なことだけを発想していた気がしますが、最近は違います。

ナスの光沢ある深い紫を見て、ああ美しいな、こんなになるまで育ってくれてありがとう……といった気持ちになります。手にくるまれたナスが何とも愛おしい。大地から生まれてくる生命というものを、しみじみ味わうような感覚なんです。

そういう意味でも、**今が人生を一番謳歌《おうか》しているといってもいい**かもしれません。

苦労して生きてこられた方がテレビで紹介されているのを見たりすると、つい感情移入してしまって、目頭が熱くなってしまうこともあります。若いときにはなかったことですね。

ちなみに年を取ると、体の穴という穴は、すべて緩《ゆる》むようです。カツラで覆《おお》われた私の頭も、ステージの最中は汗をやたらにかいて、もう大変です。

くしゃみをすると、ちょっと出る、というのが何を意味するかは、いわずもがなだと思います。

それはさておき、涙もろくなるのも、体中の穴が緩むという加齢現象の一つなのかもしれませんが、やはり多くの経験をすることで、物ごとへの感受性が深くなっているのでしょう。

人生をいろいろな角度から、しみじみと味わえる。しょっぱい味もあれば、甘い味や辛い味もあって、風味は実にさまざま。これは、年を重ねていくことの醍醐味かもしれません。

仏教には「閑古錐《かんこすい》」という言葉があるそうです。古びて先が丸くなり、使われなくなった錐《きり》のことをいいます。

新しくて切っ先の鋭い錐は簡単に穴を開けることができますが、鋭いだけに人を傷つけることもあります。

一方、長い間使われて古くなった錐は、刃先も丸くなり、穴を開ける目的だけを考えたら、使い勝手はあまりよくない。ただし、人を傷つけることもないし、使い込まれてきたからこその風格、味わいといったものがあります。

人にも同じことがいえる気がします。

年を重ねると、若いときの活力や勢いは衰えるかもしれませんが、**長年にわたって**

培ってきた、さまざまな経験の厚みと知恵があります。それらが、円熟の味わいを醸し出したりします。

生きることを深く味わうだけではなく、自分自身も味わいのある人間になっていく。これも、また年を重ねていくことのよさだと思うのです。

さて、そんなことをいっている私は「じゃあ、どうなんだ？」といわれそうです。舞台に立っているとき、綾小路きみまろの漫談は面白いだけじゃなく、どんな味わいをもっているのかしら？　という目線で客席の方々から見られる年齢になりました。若いときにはない、年を重ねてくることで醸し出される風味が問われるのです。

もちろん、私も「味のある男」になりたいと秘かに願っております。間違っても「70代になった綾小路きみまろの芸は味わいがないなあ」なんてしみじみといわれないようにしたいと思っています。

余計な欲がなくなる70代は貴重なひととき

人間というのは「欲の塊」です。

欲というときれいな響きがないのですが、欲が人を人たらしめているのですから、どういう欲をもつかということは生きていく上でとても大事なことです。

ただ、欲というのは煩悩《ぼんのう》を生み出すもとにもなりますから、欲が多すぎるのも問題です。

欲をもてば、それを満たそうと思いますが、現実はそう簡単にさまざまな欲を満たすことはできません。

だから葛藤《かっとう》や悩みが生まれるわけで、そんな欲を戒《いまし》める言葉として「足るを知る」ということがいわれたりします。

しかし老いてくると、意識しなくても自然と余計な欲がどんどん減っていくような気がします。あれが欲しい、これをしたいといったいろいろな欲が薄れていく。それは頑張って手に入れようとするエネルギーもなくなってくるし、自分のなかの可能性が減っていくのを感じたりするからでしょう。

あとは、いろいろな経験をしてきたことで、若いときに欲していたことが「もういいかな」という気持ちになったりするのかもしれません。

ですから老いてくると、欲にともなう悩みは減る気がします。そう考えると、欲が枯れてくるというのは、決して悪いことではないと思うのです。

そもそも欲の多くは、他の人がそうしているから自分も欲するみたいな部分がとても強いものです。しかし、年を重ねてこの類《たぐい》の欲が少なくなってくると、**本当に自分にとって大事なことや、したいことが絞られてきます**。

私の周りにも、仕事をやめてから絵を描きたくなって絵画教室に通っているとか、仏教に前々から関心があったので本格的に勉強を始めたとか、スペイン語を習い始めたとか、これだというものを見つけて、それに取り組んでいる人がけっこういます。そんな彼らの表情は、とてもいきいきしています。

私も仕事以外のことでは、書道を本格的にやってみたいなという気持ちがあります。**70代というのは、余計な雑音や欲がなくなって、自分が心からしたいものを見つけられる年齢でもある**んだと思います。

これも、また老いの一つのよさといえる気がします。

年寄りにも「盛る」権利はある

「盛《も》る」という言葉を、最近よく耳にします。若い世代の人たちがよく使っているようですが、「あの人、盛っているな」「あの盛り方、ちょっとひどいんじゃない」といった感じで、実際以上に自分をよく見せていることを指して使われます。

ちなみに、**私も頭部をかなり盛っています。70代にだって、「盛る」権利はあるん**です。

「盛る」のは、インターネットの世界では日常茶飯事のようです。実際、ネットを見ると、自分の写真や動画に嘘の小細工を施《ほどこ》すなど、たくさんの人が競い合って「盛る」ことをしています。

ネットを見ている人は自分のことなんか知らないから、多少盛ってもわからない、少しでもよく見せて、いい評価をたくさんもらおう。そんな気持ちから「盛る」のでしょう。

「盛る」のは楽しい面もあるでしょうが、それが習慣のようになってしまえば、ちょっと怖い気もします。自分を盛るクセがつくと、そのうち自分でも感覚がまひしてきて、実際の姿と盛った姿の区別がつかなくなってしまうかもしれません。

「盛る」というのは、いってみれば背伸びをして格好をつけることです。

でも、**飾りをとったありのままの自分を、未熟さやダメな部分も含めて素直にさらけ出したほうが、周りの人は受け入れてくれる**のではないかと思います。

いいかえれば、本音で生きるということです。

タテマエは、この世を生きていく上では必要なものですが、年を重ねてくると、本音で生きるのが大事だなとつくづく思います。

タテマエというのは、他人を意識することで生まれるものであって、「本来の自分」がいなくなっているからです。

人生の後半戦に突入している身としては、タテマエで生きる時間なんてもったいないので、本音全開でいきたいと思っています。

また老いてくると、どんなにきれいなタテマエで取り繕っても、ボロが出るもの。

お化粧でキレイにコーティングしても、その下にはよれよれシワシワの肌が透けて見えます。若者がはくようなピタッとしたジーンズをはいて歩いても、垂れた尻、上がらない腿《もも》、狭い歩幅で、どのあたりの世代かが想像できます。吐く言葉は若々しくとも、しゃがれた声とゆるやか〜な所作で年齢が察せられます。

年寄りはどう取り繕っても、どう盛っても、たいがい年がわかってしまう。それならへんに盛らずに、生き方も本音でいけばいいいんじゃないかと思うんです。

若いときは、生きていくテクニックとして上手にタテマエを使うことも必要ですが、年を取ってくれば、そんな必要はほとんどありません。いろいろな経験を重ねてきたことで、素の存在感だけで勝負できたりするんですね。

私の漫談なんかは、それこそタテマエを一切取り払った、本音だけの芸なわけです。

タテマエを使うのは、仮面をつけるようなものです。

でも、仮面を外してありのままの自分、本音の自分をさらけ出したほうが、のびのびと呼吸できます。肩の力を抜くと、自分らしい生き方ができるのです。

もっとも、本音は本音でも、毒のある本音はダメですよ。

「あら、奥さん、久しぶり。ちょっと見ないうちに、スッカリ老け込んだわね。とても私と同じ年には見えないわ」

「まぁ、失礼しちゃうわね。奥さんなんか、相変わらずセンスの悪い服を着てるくせに。そんなんで、よく恥ずかしくもなく、町を歩けるわね」

とまぁ、このような恐ろしい会話があちらこちらで繰り広げられては、巷《ちまた》における人間関係は混乱の極みに達してしまいます。

本音は本音でも、人を傷つけることのない、できれば清々しいもののほうがいい。そんな本音を包み隠さず話せば、周りからも愛されるんじゃないかと思います。

それなら、私の頭部も本音をさらけ出したほうがいいかって？　いや、こればかりは綾小路きみまろをやっている限り、タテマエでいかせていただきます。

70歳からはプライドを捨てて、カツラだけ残す

年を取ると、義理や人間関係、モノや名誉……いろいろなものを捨てていったほうがいい、という人がいます。私も、その考えには賛成です。

私の場合は、全部捨てて、カツラだけ残す。それは冗談として、**捨てられるものはできるだけ捨てて、背負っているものは軽くしていくほうが、老後の人生はむしろ充実していく**ような気がします。

義理でも人間関係でもモノでもプライドでも、あればあるだけさまざまな執着が生まれて、窮屈《きゅうくつ》になるものです。年を取ってきたら、そうしたものから解放され、もっと身軽に、気楽に生きたほうがいいと私は思います。

人間には、意識していなくても、自然と捨てているものがあります。「若さ」です。年を重ねること自体、すでに「若さ」というものを、どんどん捨てていくことに他なりません。

たとえば、70歳の人間は、50年前の若さも、30年前の若さも、10年前の若さも、3年前の若さも、全部捨ててしまっているわけです。高齢になれば、膨大な若さの時間を捨ててきている。

若さというのは、何物にも代えがたい宝のような時間だと思います。そんなものをたくさん捨ててきているわけですから、義理やモノや名誉を捨てることなんて、それに比べると、どうということはない気がします。

私だって、昔の舞台を録音したものを聞いたりすると、当時のノリやスピードは薄れ、その代わりに今は別の風味のようなものが生まれてきているのを感じます。自分でも気がつかないうちに、自然と何かを捨てているのです。いや、捨てさせられているのでしょう。

これから先は、行けるところまで舞台に立とうと思っていますが、おそらく酸いも甘いも経験した70代の綾小路きみまろの漫談は、うぬぼれかもしれませんが、一番面白いんじゃないかと思います。なぜなら**「老い」をネタに毒を吐いてきたきみまろ自身、「老い」を日々経験しつつある**からです。まさに「毎日が発見」状態です。

でも**「老い」を経験できるというのは、ここまで生かしていただいたからこそ**、です。ですから私は日々「老い」をありがたいとかみ締めながら過ごしているのです。

70歳からは表面的なつき合いをやめる

年を取ると「義理を欠け」とよくいいます。膝が悪かったり、体のどこかが具合悪いお年寄りなんかは、移動するのも大変ですから、お葬式なんかに無理をおしてまで出かける必要はないと思います。

寒い時期の通夜に出向いて風邪をひいたり、炎天下の告別式で体調を崩したりする可能性が高くなるからです。

お葬式に出席するかどうかは、あくまで故人との関わり方がどの程度だったかにもよります。どうしても顔だけでも見ておきたいというなら別ですが、そうでなければ義理を欠くのは、決して失礼だとは思いません。

また、参列しなければ義理がまったく果たせないわけではありません。

後日、自筆でお悔みの言葉を丁重に記した手紙を送れば、それだけでも十分に弔意《ちょうい》は伝わるのです。

私が年を取って特に捨てたほうがいいと思うのは、前述の通り、プライドです。

高齢者はあまりスーツを着ないですし、みんな同じような格好をしていますから、過去に何をしてきたのか、ぱっと見ただけではわかりません。

それまでは、こんな会社に勤めて役員やってますとか、こんな仕事に情熱をもって取り組んでいますとか、子どもを三人も苦労して育て上げてきましたとか、私はこれこれをやっているこういうもんです、みたいな顔をしている。でも、70になると、そんな肩書や背景が消えて、フラットな顔になる気がするのです。

そんなときに、自分は昔、こんな仕事をやっていたんだとか、こんな大変な思いをして生きてきたんだとか、それぞれが抱えているプライドのようなものを、にゅっと持ち出されたら、ちょっとしんどいと思います。

下手したら、プライドにこだわるせいで、人間関係が気まずくなったり、孤立してしまったりすることもあるでしょう。

自慢話をして自分はすごい、賢いとアピールするくらいなら、ちょっとバカなふりをする「バカ利口」になったほうがいいと思います。そのほうが、断然小気味いい。

年を取ってからのプライドは「百害あって一利なし」なのです。プライドを捨てられれば、おのずと義理や表面的なつき合いなんかも捨てられると私は思います。

70代は、まずはプライドを捨てる。プライドを保つ暇があるなら、私はその時間を自分を楽しませるために使いたいと思います。

「時代についていけないくらい成熟している」と思う

「時代についていけないなあ……」

年を取ってくると、たいていの人はそう感じるときがあるでしょう。

昔は「十年一昔《ひとむかし》」といったものですが、今は「三年一昔」くらいの感覚です。そのくらい変化の速い時代ですから、なおさら、そんな印象を抱く機会は多いのだと思います。

実際、私もそう感じるときがありますし、周囲の70代の人たちからも、「時代についていくのが大変で……」みたいな嘆きを聞かされることがあります。

ただ、無理に時代についていこうとか、頑張って時代に合わせなくちゃと考える必要はないと思います。

生まれたときからネットの世界に慣れ親しんでいる若い世代と、そうではない古い世代とでは、デジタルなものに対する感性が違うのは当たり前です。

無理に「このくらいはできておかないと」みたいなことは感じなくてもいいと思います。

いわゆる「若者言葉」というのもそうですね。

若い人たちの間でもっぱら使われる独特の流行《はや》り言葉は、いつの時代にもあります。

年寄りがそんな若者言葉をへんに無理をして使ったりすると、妙な違和感を醸し出して、かえって若者から失笑されたりもします。

ところで、こんな言葉をご存知ですか？

・親ガチャ

・おしゃピク
・地雷メイク
・あげみ
・〜してもろて
・KP
・レベチ

　これらは、近年流行った若者言葉ですが、中高年世代からすると、どういう意味か知っている人はあまりいないと思います。

　私はネットでちらっと見たことはあっても、「親ガチャ」を除いて、まったくわかりませんでした。あらためて調べて、「ああ、そういう意味なのか」と知りました。

　ちなみに、「親ガチャ」は生まれた家庭環境によって人生を左右されること、「おしゃピク」は「おしゃれなピクニック」の略称、「地雷メイク」は泣き腫《は》らしたような赤い目元にして病んだようなかわいさを演出するメイクのこと、「あげみ」は気分が上がること、「〜してもろて」はギャルの間で何かをおねだりするときなどに使う言葉、「KP」は乾杯のこと、「レベチ」はレベルが違うことだそうです。

以前は若者言葉にしても、何となくこういうニュアンスだろうなということが上の世代にも想像がついたものですが、今や親、おじいちゃん、おばあちゃんたちからすると、宇宙人の言葉のようで何が何だかわけがわからない。中高年世代と若者世代との間で、文化が途切れている印象があります。

昭和の時代であれば、おじいちゃん、おばあちゃん、お父さん、お母さん、そして子どもたちも、みんなで同じ食卓を囲み、テレビ番組をチャンネル争いをしたりしながら一緒に見ていたものです。世代を超えてぺちゃくちゃお喋りをし、一つの話題をみんなで共有できたわけです。

しかし、今では、同じ家族でもばらばらに食事をし、一人ひとりが興味を抱く対象も、話したい話題も違う。文化や価値観がまるっきり変わってしまった。そんな状況のなかで、無理に若者たちに交じろうとしても、かえって老人扱いされるのが関の山です。

もっとも今の若者だって数十年後、老人になれば、「最近の若者言葉はわけがわからん」などと、きっといっているはずです。

老いた人間が時代の流れについていけないと感じるのは、世の常なのです。**むしろ時代の流れについていけないくらい成熟していることに、誇りをもっていい**と私は思います。

自分で自分を笑えたら「きみまろレベル」

タレントの中居正広さんから、「きみまろさん、僕ら年下にも敬語なんですね」と、ある番組収録時に驚かれたことがあります。

どんなに年下であろうと、先輩面した横柄な態度はよくないと思っているので、ぞんざいな言葉づかいにならないよう気をつけているからでしょう。

若い世代は、上から目線の態度には敏感です。昔と環境も大きく変わって、上も下もないんだというフラットな感覚をもった人が多いですから。

仕事で企業なんかに行くと、たいてい社長は40代とか50代、スタッフなんかはみな20代、30代です。自分が一番年寄りで、どこか居心地がよくない。でも、暑苦しいオジイだななんて思われたくはないですから、さりげなく会話をして、無粋《ぶすい》にならないようけっこう気を遣っています。

会話はどんな相手であろうと、不快な気持ちを与えないよう心がけることが大事です。私の場合は、**親しい間柄でない限り、しつこく聞かない、深入りしない**ということを心に留めて、話をするようにしています。

年を取ると、話がクドくなる人がいます。性格が頑固になるせいか、同じ話題にこだわったり、同じことを何度も主張したり……。

もちろん、忘れっぽくなって、同じ話をくり返すこともあります。正直にいうと、私も家族から「その話、この間も聞いた」といわれることがわりとあります。同じ相手に同じ話をくり返すのは、できれば避けたほうがいいでしょうが、周りの人も少しくらいは大らかな気持ちをもって、初めてのような顔をして聞いてあげてもいいんじゃないかと思います。

ちょっとでも同じ話になると、イエローカードを突きつけるようにすぐ注意されるのも、いささかしんどいですから。

話したことを忘れてしまうのは、年を取れば、ある程度仕方のないこと。同じ話をするほうも、そう指摘されてもあまり気にせず、「あ、前にもいったっけ？」と軽く受け流すくらいの構えでいいと思います。

私レベルになると、同じ話をしている自分に、思わず笑っちゃいます。自分で自分のことを笑えるようになれば、「きみまろレベル」です。

気にしたって仕方がないことをクヨクヨ悩んでも、時間のムダです。70代の10年間はこれまでで一番自分らしく過ごせる最後の時間なのです。

気にしたって解決できないことに時間を費やすくらいなら、自分の好きなことに時間を使うことを強くおすすめします。

第2章

「老い」は「笑い」を増やしてくれる

人生はいいこと半分、悪いこと半分

人生はいいこと半分、悪いこと半分。そう私は思っています。実際にいろいろな人の人生を見ていると、幸福と不幸の量はトータルで収支トントンなんじゃないかなという気がします。

人生の前半は不遇だったけれど、後半で花を咲かせて幸せな時間を過ごしている人もいれば、人が羨《うらや》むようなエリートコースを順調に歩んできたものの、中年を過ぎてから難しい病にかかり、仕事を早々にリタイアせざるをえなかった人もいます。

人は外から見るだけではその人が幸福なのか、そうでないのかはよくわからないものです。

お金持ちで幸せそうに見える人が、家庭ではいろいろな問題を抱えていることもあれば、私生活では孤独で寂しそうに見える人が、仕事では周りから高い評価を得て幸せを感じていたり……。このように幸せと不幸が同居していることも、ままあります。

「幸せと不幸の収支はトントン」

そう考えると、悪いことが起きても、これまでいい思いをしてきたんだからしょうがないなと受け入れられます。

一方で、**嫌なことが続いても、次はいいことがやってくるんだ**と思えます。

私は漫談のネタで、こんなことを喋ったりします。

奥さま、若い頃は、さぞかしおキレイで男性から追いかけられたことでしょう。でも今奥さまを追いかけるのは、小バエかイノシシかハクビシン……熱い恋愛をくり返していたのに、今では入退院のくり返し……。

「まあ、失礼ね」という顔をしながら、口を大きく開いてアハハと笑ってくださる。

これも人生はいいこと半分、悪いこと半分という前提でつくっているから、お客さんもすっと受け入れてくれるのかもしれません。

奥さまのなかには、それって私のことじゃないわ、と思って聞いている方もいらっしゃるでしょうが、自分の人生における、あまり幸せとはいえないことを笑いにできるのは、私がいうのもなんですが、とてもいいことだと思います。

身に起こった悪いことをユーモアでくるんで笑い飛ばすことは、心の健康を保つ上で、とても効果的だと思うのです。

僭越《せんえつ》ながら、そのお役に少しでも立てるよう、できるだけ舞台に長く立ち続けたいと思っています。

老人のもの忘れは喜劇

私の漫談を、ここで一つ。

年を取ると、もの忘れも激しくなりますね。

「こんにちは、奥さん。今通り過ぎたあの人は誰だっけ？」なんて経験もあるのでは？

忘れてはいけないことは忘れ、忘れたいことは忘れられず。どうでもいいことは覚えている。こんな脳みそに誰がした？　とお嘆きのみなさま、いかがお過ごしですか。

そちらの奥さまはいかがですか、もの忘れ。エッ、何をしに席を立ったか忘れ、長電話の用件も忘れ、メモしたことも忘れ、探しものをしても何を探してたかわからなくなった？　まー、重症ですね。

そちらのご主人は？

なんと、この間なんか、冷蔵庫から物を取り出そうとしたら、開けた瞬間、何を取ろうとしたかわからなくなった？　どう考えたって思い出せなかった？　でもトイレに入ったら思い出した？　あぁ、ソーセージを出すんだった！

こちらのご主人は？

エエーッ、メガネをかけてメガネを探し、パンツの上にパンツをはいて、マスクをつけたまま水を飲む？　トイレに行けば、大と小のどっちを出すのかわからなくなり、とりあえず、両方とも出そうと頑張った？　まー、ご愁傷さまです。

人と会話をしていて、頭のなかにイメージは出てきているんだけど、その人やモノの名前が出てこない。そんな経験は、年を取ると誰もがしていると思います。

私もご多分にもれず、「あの人、なんていうんだっけ？」と名前がなかなか出てこずに、もどかしい思いをすることが以前より確実に増えました。記憶を再生する力が衰えているのでしょう。

もっとも公演中は不思議とネタや台詞《せりふ》を忘れることはありません。これは私なりに開発した記憶術を使いながら、しつこいほど練習をくり返すことで、体の奥深くに染み込ませているからでしょう。

自転車に乗って牛乳を買いに行って、その帰りに自転車を忘れたという知人がいましたが、年を取ってくると、そんな笑い話になるようなもの忘れをしたりするものです。

私もこの間、ある用件があって電話をした相手に、肝心の用件をすっかり忘れて、世間話をひとしきりしただけで切ってしまいました。切った後に「あれ、何で今電話したんだっけ？」と思い出して、慌ててかけ直しましたが。

どこにしまったか忘れてしまって、あたふたすることもあると思います。

スマホをどこに置いたか忘れたり、ちょっとした小物が見つからなくてあちこちの引き出しを開けたり、カバンを引っくり返したり、気がついたら探しものだけで30分くらいたってしまった……そんなことをしょっちゅうやっているのは、私だけではないはずです。

そのたびにイライラしている方はいませんか？　**イライラは体に毒です。免疫機能**

が落ちますから。

探しものを延々としている自分については、「頭がこんなになるまで、自分は頑張ってきたんだ。愛おしいなあ」とねぎらってあげましょう。

最近、こんなことがありました。地方公演の仕事から何日かぶりで家に戻ったとき、タクシーで支払いを済ませ財布を手に握ったまま、真っ先に庭の草花に久しぶりに水をあげに行ったんです。ところが財布をそのまま庭の小さな台に置き放しにしたのを忘れ、次の日また地方公演に行きました。

当然、財布がないことに途中で気づき、新幹線で落としたのか、ホテルに忘れてきたのか、心当たりはすべて当たったものの、手がかりはなし。クレジットカードやら銀行のカードなど、慌ててすべてストップしたものの、家にまた戻ってから、庭に置き忘れていた財布に気づいたという次第です。

探し回ったり、電話で手続きしたりした、あの時間はいったい何だったんだろう、と全身の力が抜けると同時に、自分で自分がおかしくなって笑ってしまいました。

こんな具合に、ちょっとしたもの忘れが多くなってきたこともあり、認知症予防の脳トレにと思って、日記をつけ始めたことがありました。

同年輩の仕事の知り合いから「記憶力アップに日記はいいよ」といわれたのがきっかけでしたが、3日しかもちませんでした。自分には向いてないなと感じたのです。

私の父は、きれいな字で日記を毎日、欠かさずつけていましたが、人には向き、不向きがあるものです。

習い事でも運動でも続かないときは、それがあまり楽しくない、好きではないからです。「脳トレになるから」とか「健康にいいから」とか、単に義務感だけで始めると、やはり続かないものです。

認知症対策で何かしようと思うなら、あくまで自分が関心があること、好きなことを探して始めることが大事なのだと思います。

もっとも加齢に伴う自然現象として、もの忘れが増えることは、悪いことではないとも思います。自分にとって都合の悪いことも、一緒に忘れさせてくれる面があるからです。

ちょっとへんなことをいってしまったなとか、つまらないミスをしてしまったとか、少し凹《へこ》むようなことを言ったり、やったりしても、年寄りは水が流れるようにすっと忘れていくようなところがある。

いや、なかには忘れる以前に、自分の言動のおかしさに気づかないで、平然としている人もいます。これはいわゆる「鈍感力」というやつでしょう。もちろん個人差がありますが、この鈍感力も年を取ってくると、強くなる傾向があるようです。

ストレスを減らす必殺技

鈍感力は、悪い面ばかりではありません。メリットもたくさんあると思います。

鈍感の反対は「繊細」です。何にでも繊細に感じたり、細かいことに気づいたりする人が幸せかというと、そうとは限りません。

むしろ何でも敏感に感じ取ったり、気づいたりしてしまうと、悪いことにまでいちいち反応して、ストレスがたまってしまうに違いありません。

その点、鈍感力があれば、自分のちょっとしたヘマにもダメな部分にも、いちいち気を留めることもありません。鈍感力があれば、細かいことに余計な神経をすり減らすことはないわけです。

聞いたところによると、脳は体のなかでエネルギーをもっとも使う部位だそうです。つまり、それだけ負荷が強くかかるところなので、できるだけ省エネで動かそうとする節約の機能をもっているといいます。

もし脳が刻一刻と入ってくる情報すべてを鮮明に記憶し続けていれば、脳はその負担に耐えられなくなってパンクしてしまう。すなわち、**忘れることは、脳を健やかに保つために重要**なわけです。もの忘れも、鈍感力も、その意味では脳へのストレスを減らす働きをしているといえるのです。

高齢者の認知症は大きな問題ですが、見方を少しズラせば、認知症は鈍感力の一種といえなくもありません。鈍感力を強力にしたようなところもあるからです。

認知症が進んでいく過程では、そうなっていくことへの不安や恐怖がもちろんあると思いますが、ある程度症状が進むと、本人は無邪気な子どものような時分に戻って幸せだったりする面もあると聞きます。周囲は大変でしょうけど、忘却の度合いが深くなると、ストレスが減るのは事実のようです。

こうして見ていくと、鈍感力はある意味、人生を楽観的なほうへ動かしてくれるものですから、その恩恵を受けることはラッキーな要素もあると私は受け止めるようにしています。

不運な出来事は「厄落とし」と考える

私は自分の人生を振り返ると、それなりの苦労はしているのですが、どこか楽観的に物ごとを考えたり、細かなことに気づかなかったりする鈍感力があったから、ここまで来られたのかなと思う部分もあります。

30代の頃、キャバレーで司会の仕事をしていたときですが、訪問販売で詐欺にあったことがあります。

仕事が休みの日、アパートの部屋でくつろいでいたら、トントンとドアをノックする音が聞こえます。ドアを開けると、自分は占い師だという50代後半とおぼしき女性が立っていました。

私は人がいい上に人間観察が趣味ですから、好奇心も手伝って、自称占い師に占ってもらうことにしました。

すると「あなたはこのままだと3年後、がんにかかって死ぬ」というわけです。

自称占い師に、いきなり家に押しかけられ、「がんにかかって死ぬ」といわれるなんて、当時の私がいかに不運続きだったか、みなさんにもわかるでしょう。

でも、その占い師が持っている印鑑を私が買って使えば、必ずや運気は好転し、死病は避けられるといいます。そういいながら、少し大ぶりな印鑑が並んだ箱のふたを開けて、私に見せるわけです。

結局、私は40万円近くするその印鑑を分割払いで買いました。もちろん象牙《ぞうげ》ではなく練り物でできた印鑑ですから、何十万もすることはありえません。しかし、私が騙《だま》されたなと気づいたのは、分割でお金を全部支払った後でした。

どれだけ切羽《せっぱ》詰《つ》まっていたか、容易に想像できるでしょう。

このことを人に話すと、ふつうなら少なくとも買う前に「あやしい」と思ったりするものだけど、「きみまろさんは、ほんと人がいいね」といわれます。

でも、私はこれは騙されたんだろうなと気づいたとき、こう思い直しました。現実にモノはあるわけだし、騙されたわけじゃない。高い買い物をしただけだ、と。

実際、なかなかいい印鑑だと思っているので、いまだに使っています。もしかして私がブレイクできたのは、この印鑑のおかげかもしれません。

いずれにせよ、何でもすぐに気づく鋭い人であれば、こんな詐欺のような訪問販売にやられるなんてことはまずないはずです。

しかし、私は簡単に引っかかってしまった。しかもそれを悪い思い出とは考えずに、いまだに使っている。これは私に鈍感力というものがある証かもしれません。

一方で、「時すでに遅し」で、過去を変えることはできません。ですから**不運な目にあったときは、「これで厄落としができた」と考える**のです。

人間の時間は有限です。ましてや70代はたくさんの時間が残されているわけではありません。ですから、クヨクヨと悩む時間は、少しでも減らしていくほうがいいと思うのです。

会話のない夫婦が素晴らしいワケ

新郎、新婦、そしてご両家のみなさま、本日はまことにおめでとうございます。結婚されたお二人は、耳の穴をかっぽじって、どうかしっかりと聞いてください。

ここにご臨席されている、人生のベテランのみなさまはよーくおわかりでしょうが、結婚とは、すなわち人生の袋小路に迷い込んだようなものです。もう遅いのです。取り返しがつかないのです。若いのに、あんまりです、かわいそうです。

お二人は、まるで袋の中のネズミ。逃げ場がありません。犬も食わない夫婦ゲンカ。ジタバタしても誰も助けてくれません。

「なんだ、おまえ。おまえのせいで、こんなことになったじゃないか！」

ご主人、こんなことをいったが最後、確実に、奥さまから袋だたきにあってしまいます。

かように結婚は「三つの袋」とは切っても切れない関係にあるのです。

本日は、まことにご愁傷さまでした。

これは「結婚は三つの袋を大切に」という漫談ですが、かように結婚には忍耐というものが必要です。しかし、夫婦を長くやっていると、いつの間にか忍耐を超越してしまって、忍耐ではなくなるように感じます。

私は長年連れ添って話すことがなくなってしまったような熟年夫婦に、そのような境地を垣間見る思いをすることがあります。

会話なくして成り立つ夫婦関係は、ある意味で味わいがあって、一つの作品を作り上げたように見えるのです。

レストランで何も喋らないで向かい合い、黙々と食事をしている熟年夫婦を見かけることがありますが、こういう夫婦は会話がなくても、深いところで通じ合っているのでしょう。

それを見て、会話もなくなって寂しいと思われる方もいるかもしれませんが、私はそうじゃないと思います。

言葉を超えたところで、関係がちゃんと結ばれていることの素晴らしさを感じます。理想的な夫婦の一つの形かもしれません。

私は常々、夫婦喧嘩はゲームセンターなんかにあるモグラたたきのようなもの、といっています。

「ちゃんといわないから、子どもは勉強しないで遊んでばかりなんだ！」

「何いっているの。自分だって仕事のつき合いばかりで、子どもを放ったらかしじゃないの！」

そんな責任のなすり合い、罵《のの》り合いには際限がありません。

ただ、モグラ（夫ないし妻）をたたくスピードは年を取ると、だんだん遅くなってきて、そのうちたたけなくなってしまう。つまり、お互いパワーがなくなって、喧嘩する気力もなくなってしまう。それもあって年季を積んだ夫婦関係は、もの静かになるのかもしれません。

つまり、**いう気力はなくなってしまったけれど、お互いに相手のいいたいことは、よくわかっている。老境に入ったからこそ、到達できる域なのです。**

夫婦で○○し合うだけで、関係は一気によくなる

夫婦関係は男性が仕事をリタイアして家にいるようになると、けっこう変わるものです。

こと趣味もなく仕事だけをもっぱらやってきたような男性は、家にいても家事も何もできなくて、精神的に急に弱ってしまう。それこそ粗大ゴミのような扱いを受けかねない。奥さんが掃除機をかけようとすると、行く先々に姿を現し、「どいてちょうだい！」と追い払われる始末。食事もつくれないし、洗濯機も回せなければ、ゴミ出し一つちゃんとできない。そりゃ奥さんは、今まで威張ってきたくせに何なの？と

なってしまいます。

夫婦が円満にいくには、奥さんにあまりにも依存しすぎないことです。そうならないよう、掃除や洗濯以外にも、週に何回かは奥さんに代わって料理ができるくらいになるよう努力したほうがいいと思います。

私も自宅では、せっせと働いています。掃除から庭の水やりまで、やり出すと凝り性なのか、けっこう徹底してきれいにします。

また最近はコロナ禍で時間ができたせいもあって、料理にも挑戦するようになりました。なにしろ自分の畑でつくった野菜がたくさんあるから、材料には事欠きません。ただ調理の仕方がよくわからないので、それこそネットを見たりしながら試行錯誤してやっています。

老後の夫婦関係をややこしくしないためには、夫が奥さんの家事の負担の何割か（理想は半分）を請けおうことは欠かせません。

男は単純な生き物ですから、奥さんは夫が手伝ってくれたら、大げさにおだてるといいと思います。「ここまで小さな雑草をよくとってくれたね、庭が見違えるほどキレイだわ！」とか「初挑戦の料理にしてはおいしいわ！」とか何でもいい。庭が見違えるほどキレイでなくても、料理がさほどおいしくなくても、オーバーにいってあげるくらいでちょうどいいと思います。

夫は仕事をやめてから、ほめられることも評価されることもないのですから、奥さんのちょっとしたほめ言葉は心に響きます。つい嬉しくなって、より一層家事を手伝ってくれるかもしれません。

反対に、夫も奥さんをほめるといいと思います。

私は会場で「奥さま、おキレイですね、首から下が」などといって、ほめながら毒づくネタをやりますが、こんな皮肉なほめ方は、ゆめゆめしないでくださいね（笑）。

料理がおいしければ「このシチューはコクがあって本当においしいね～」とか「その服、色合いが何ともいい。今の季節にぴったりだね」とか、いいなと感じるものや、感謝を覚えるものがあれば、素直に口に出していってみるのです。**ほんのちょっとした一言で、夫婦の関係はまろやかになったりする**ものです。

70歳からの夫婦関係は精神衛生上、とても重要です。奥さん以外、話し相手がいないという男性も少なくないはずですが、夫婦仲がいまいちよろしくないという方は、ほめ殺し作戦の実行を強くおすすめします。

冷めた夫婦はこうして「ほやほや」に

夫婦にまつわる漫談ネタは、これまでかなりの数をつくってきました。そのなかから一つ。

奥さま、あなたを選んだ男性がいるんです。「俺と結婚してくれ」といった男性がいるんです。そうして、二人は結ばれたのです。それが結婚というもの。二人は赤い糸で結ばれたのです。

しかし、あれから40年。二人は今、お互いの携帯電話の番号も知りません。

「お父さん、あなた！」

「何だ？」

「呼んでみただけ」

会話もなくなった。歯もなくなった。毛もなくなった。ねえ、みんな、なくなった。

「お父さん、お父さん！」

「なんだよ。お父さん、お父さんって、うるさいな」

「聞こえていればいいの」

「お父さん！」

「だから、いったい、何なんだ！」

「今まで、何回呼んだか、いって」

「『お父さん』が四回、『あなた』が一回だろ」

「ああ、安心した。まだ、もうちょっと大丈夫そうね」

諸行無常の習いにしたがって、夫婦関係も常に変化してやみません。

そんな夫婦の関係を平和に保つには、夫が妻の家事を手伝うことに加えて、一緒に楽しめる趣味や生き甲斐をもつことも必要です。

いつも夫婦で家にいると、どんなに相性のいい夫婦でも煮詰まってきます。そこそこの距離は必要です。

そのためには若い頃からの趣味を続けたり、何の趣味もない人は山登りや俳句など**趣味のサークルなどを探すといい**と思います。趣味がもてなければ、公園の掃除やこども食堂など、**何かボランティアができる集まりを探すのもいい**かもしれません。

私の公演に来られるお客さんはほとんどが女性ですし、女性のほうが好奇心が旺盛でグルメを楽しんだり、観劇したり、旅行をしたりして人生を楽しんでいる人が多いなと感じます。

最近は一人でキャンプをするソロキャンプが流行っているということで、ソロキャンプをテーマにしたテレビ収録の仕事が先日ありました。そこで感じたのは、キャンプには人が生きていく基本がすべてあるということです。

テントを張って寝床を整え、自分だけの心地よい空間を組み立てる。薪《まき》を集め、火をおこして燃やす、手を洗ったり食器を洗うための水を汲んでくる、魚や植物などを採ってきて調理をする……。

仕事をリタイアして家事ができなくて、奥さんの不満を募らせている男性は、可能ならキャンプを体験してみるといいと思います。

人間の生活の基礎はどういうところで成り立っているか、当たり前すぎて見えなかったものが見えてくるでしょうし、基本的な生活能力を身につけるヒントもたくさんあります。

「キャンプって遠出しないといけないんでしょ、それはちょっと……」という人は、庭でテントを張ってやってみるのもいいかもしれません。

奥さんにまったく頼らず、自宅の庭で四泊五日のキャンプ生活を送ったっていいいんです。自宅キャンプを成功させたあなたは、少しだけたくましくなって、奥さんから見直されるかもしれません。


長年連れ添って暮らしてきたことで、あちこちが綻びている夫婦も、新婚当初は「ほやほや」の関係だったわけです。つくりたての料理は、熱いからおいしい。でも時間がたてば、「ほやほや」は消えてしまいます。


「あなた、プロポーズの言葉、覚えている？」

「なんかいったかな？」

「いったじゃない！　私の目を見て、『お前の瞳には二人の愛が映っている』って、そういってくれたのよ」

「ウーン、すごくキザな台詞だな……」

「あなた、わたしの目を見て。今、ナニが映っている？　どんなものが見える？」

「どれ、見せてみろ。ウーン、これは……。こういう目をナンというか知っているか？」

「ナニ？　あなた、なんというの？」

「こういうのを、〝あきら目〟っていうんだ」

「あ、あなたっていう人は！　もう、イヤ！」

どんな夫婦も「ほやほや」の時代はやがて過ぎ去り、冷めた関係になってしまうわけですが、冷めたからといって、食べられなくなるわけではありません。「冷めても味わいのある関係」はお互いの努力で、いくらでも築けます。

最近、「ＳＤＧｓ《エスディージーズ》」という言葉をニュースでよく耳にします。「Sustainable Development Goals（持続可能な開発目標）」の略称で、国連加盟国が２０３０年までの達成を目指す17の目標を掲げたグローバル・プロジェクトです。

貧困をなくそうとか、環境にやさしいクリーンエネルギーを普及させようとか、いずれの目標も無理のない範囲で改善していきましょう、という内容です。

ちょっと飛躍がありますが、熟年夫婦にもこうした暗黙の改善目標みたいなものがあるといいと思います。夫婦の「ＳＤＧｓ」です。

欠点として気になるところは目をつむって、お互いが心地よく過ごせるように努力をするのです。

お互いに向き合うと、嫌なところは目をそらそうにも視界に入ってきますから、隣に並んで、同じ景色を眺めるのです。

嫌なところがあっても、感謝の気持ちがあれば、根っこの部分で夫婦はちゃんとつながっているもの。**お互い「ありがとう」の気持ちを忘れず、Ｓ（少しの）Ｄ（ダメ**

は）G（我慢する）を目標に共生していく。そんな心持ちでいると、夫婦関係は波風が立たず、平穏無事にやっていけると思いますが、みなさま、いかがでしょうか。

入れ歯が落ちるほど、笑いたい

「笑い」は私にとっていうまでもなく、大きなテーマです。人を笑わせることになぜ一生を捧げてきたのかというと、それは笑いがもつ底知れぬ不思議な力に、子どもの頃から魅せられてきたからに他なりません。

笑うことも人を笑わせることも大好きな私が、こうして芸人になれたのは、とてもラッキーなことです。

もっとも人を笑わせるというのは、傍から思っている以上に大変です。けっこうなエネルギーがいる。いつも笑いのネタになりそうなものを探したり、それをこんな話の展開で組み立てたりすると面白いんじゃないかなどと考えたり、毎日試行錯誤の連続です。

最近は年を取るともの忘れがひどくなるという現象から、何か面白い話がつくれないかとよく考えたりしています。

そこで考えついたのが、こんな話。70歳くらいの女性が外出している旦那さんに「私の携帯知らない？」と電話してきたものの、本人がかけたその電話が探していた携帯だったことに後で気づいたという内容です。

そうやってストーリーができたら、実際にどういうテンポで夫婦が会話し、どの言葉に感情を強く込めるか、どこで間をとるかなどを延々と練っていくのです。一つの笑いをつくり出すには、それなりのエネルギーを要するのです。

苦労してネタが生まれると、今度はお客さんにウケるかどうかがとても気になります。そして、いささか緊張の面持ちで新ネタを披露したとき、客席がドッとわくと、ホッとすると同時に「よし、やった！」と最高に嬉しい気持ちになります。

笑うという行為は、動物のなかで人間だけに許されたものです。**笑いは人を幸せな気持ちにしてくれます。毎日よく笑っている人は、それだけで幸せな人生を送っているといえる**でしょう。

笑いは、医学の現場でも注目されているようです。笑うと免疫機能が上がるといって、がんの治療で笑いの療法を取り入れている医師もいると聞きます。

年を取るにしたがって、笑うことはだんだん少なくなる気がします。仲間と一緒に遊びながら笑いが絶えることのない少年、少女は長じて大人になると、そんな時代などあたかもなかったかのように、ブスッとした顔でスーパーで買い物をしたり、苦虫をかみつぶしたような表情で、通勤電車のつり革を握っていたりするものです。

口を開けて大声でアハハと笑うことなど、振り返ってみると、この1年間まったくなかったという中高年も少なくないんじゃないでしょうか。仕事や家庭をもって毎日忙しく、笑っている余裕もないという人もたくさんいるでしょう。

もっとも現役をリタイアして時間があり余るほどある高齢者だって、ふだんの生活で心から笑うことは、あまりない気がします。

笑いの代わりにあるのは、怒りや不安だったりするわけですが、**幸せに生きていくために必要なのは、たくさん笑うこと**なんです。

私はこの間、ボケた勘違いをして、大いに笑ったことがありました。

90歳近いある大先輩の芸人さんと、電話で話をしていたときのことです。

その方が「今、ホームにいるんですよ」というもんだから、「どちらに行かれるんですか？」と聞いたんです。すると「どこにも行くところなんてないよ。ずっとここにいるんです」という答えが……。

つまり私が老人ホームを、電車が止まるプラットホームと間違ってしまったわけです。同じホームでも、いくら待っても電車は来るわけがありません……。

ユーモアのセンスがあれば、日常のちょっとしたことに笑いのツボを見つけて、クスッとすることもあるでしょうが、自ら笑いをつくり出すことは、意外と難しいものです。

基本的には、誰か笑わせてくれる人がいないと、笑えない。その役目をきみまろさん、やってくださいと周りからのせられて、私は舞台に立っているようなところもあります。

会場のお客さんが「アハハ」と爆笑してくれている姿を見ると、本当に幸せな気持ちになるのです。ショーが終わった後、床に入れ歯が落ちていることがあります。そのくらい大笑いしてくれるんですね。

たくさんの方がお腹の底から笑って、少なくともその瞬間、幸せな気分になっているのだとすれば、反対に私はみなさんから福をいただいているんです。そのことには感謝しても、しきれない気持ちです。

今まで仕事ばかりで、あまり笑ってこなかったという人も多いでしょう。

でも、ご安心ください。**70代で十分に取り返せます。**そして**70代を大いに笑って過ごした方は、間違いなく最期に「いい人生だった」と思える**と私は信じています。

頭髪だけはファストエイジングの謎

アンチエイジングという言葉が一頃《ひところ》流行りましたが、アンチというと加齢に無理して抗《あらが》っている印象もあって、最近はスマートエイジングと呼んだりするそうです。

確かに老いることは自然現象ですから、加齢現象を素直に受け入れた上で健康であろうと努めるほうが、精神的にもいいと思います。

私は頭髪だけはファストエイジングでしたが、今さらどうしようもありません。他は、可能な限りスローエイジングでいきたいと願っております。

同窓会なんかに何十年かぶりで出かけると、昔の面影がはっきり残っていて、年のわりには若いなという人もいれば、実際の年齢よりも10歳以上も老けて見え、誰だか皆目思い出せないような人もいます。

最近、テレビ局の楽屋で出演を終えて帰り支度をしていたとき、60過ぎの男性が「きみまろさん、お久しぶりです」と訪ねてきたのですが、その人の顔に一向に見覚えがないのです。

マスクをしているせいで、余計わからない。でも相手は「すごく懐かしいです」といって、いろいろ話しかけてくる。私は一瞬へんな人かなとも思ったりしながら話を合わせ、誰だっけ？　と思い出そうとします。

そうしているうちに、かなり以前に一緒に仕事をした人だということがわかったのですが、若いときの顔や姿とはかなり違っている。数十年もの時間が流れると、人って驚くほど変わるものだなと思いました。

一方で、今はマスクのせいで人の顔が覚えられないですし、誰だかわからない人からひたすら話しかけられて、困っているお年寄りも増えているんじゃないかと思います。

私の漫談にこんなネタがあります。

奥さまの人生を振り返ってみてください。
いつもそばに、「鏡《かがみ》」が寄り添ってきたじゃありませんか。
10代、鏡の前で大はしゃぎ。
20代、鏡の前でにらめっこ。
30代、鏡の前で美しく微笑んだ。
40代、遠目の姿に納得した。
50代、鏡を拭いた。「あら、おかしいわね」と。
60代、鏡を取り替えた。
70代、鏡の前を通り過ぎた。
80代、鏡を捨てた。

そして90代、「女の鑑《かがみ》」といわれた――

90代で、まさに「女の鑑」のような方はたくさんいます。

89歳になってもピンヒールを履き、背筋がピンとしている女優の岸惠子さんのような人もいれば、最近テレビCMで話題の91歳のフィットネスインストラクター、タキミカさんのような方もいらっしゃる。

それにしても、人それぞれの加齢の変化を目の当たりにすると、年の取り方はほんとに個人差が大きいと感じます。

頑張っていつまでも若くいようと思うのではなく、老いを受け入れながらも頭も体も健やかに、できるだけ長持ちさせようとする努力は大切だと思います。

老いた体は、元には戻りません。老眼が進んだ眼は元に戻らない、聴こえづらくなった耳は戻らない、悪くなった膝も、そう簡単に戻らない。曲がった腰も戻らない。

戻らないことだらけのなかで、唯一戻るのは「疲れ」くらいです。

疲れはたまっても、寝て休めば元に戻る。老いは、そうはいかない。老いとはそういうものだと受け入れつつ、老いのペースを少しでもゆっくりめにしようという努力は、70代のみなさんはしたほうがいいでしょう。

たとえば、外見だけでも人から見苦しく思われないようにすることも、結果的にスマートエイジングの一助になるはずです。

男性は年を取って外見にこだわらなくなると、鼻や耳や眉の毛がすごく伸びたりします。鼻や耳から毛が何本かひゅるひゅるっと伸びているのは、あまり格好のいいもんじゃありません。

なぜ年を取ると頭髪は伸びなくなるのに、それ以外の毛は飛び抜けて生《は》えるのか、その理由が知りたいのは私だけではないでしょう。

それはともかく、**外見を清潔にしておこうと気を遣えば、体形や姿勢にもチェック**

が行き届きます。つまり、**清潔を心がければ、心身の健康にもいい影響を及ぼすはずですし、周りの人からも好印象をもたれます。**いいことずくめです。

老いとのつき合いは、このように**ちょっとした気の遣い方で、いいほうへ変わると**思うのです。

特に70代は大半が容姿にあまり気を遣わなくなります。ですから外見を清潔にしておくだけで、「あら、素敵」なんていわれる機会が増えるかもしれませんよ。

第3章

「あの世」を意識して、「この世」を楽しむ

ピンピンコロリは至難の業

人生70年も生きていると、死というものを意識することが多くなります。

先日、ある取材で「きみまろさんは、どんな死に方が理想ですか？」と聞かれましたが、元気なうちに死ぬのがいいですね。もっと理想をいえば、ステージから降りて楽屋に戻り、「今日はいい舞台だったな、さあ着替えようか」というようなタイミングでパタッと逝けたら、最高の死に方かなと思ったりします。

芸人さんがよく舞台の上で死ねたら本望だといういい方をしますが、舞台の上だと大変な騒ぎになって、お客さんにもスタッフにも迷惑をかけますから、それはできるだけ避けたいです。

もう一つ私が憧れる死に方は、囲炉裏端《いろりばた》で軽く焼酎でも飲みながら逝くことです。子どもの頃はおこした炭が赤々と燃えている囲炉裏端に家族が集まって食事をしたり、お喋りをして長い時間過ごしていました。幸せの原風景です。あの場所に戻って「ああ、いい人生だったな」という感慨に浸りながら、ぽっくり死にたい。そんな夢想も、ときにします。

ただ自分の好きな場所がもっともいい死に場所になるかというと、そうではない場合もあるので気をつけないといけません。

私の知り合いに、若い頃から体がヒリヒリするような熱い風呂で長湯するのが好きな人がいたのですが、この方、最後はお風呂でコトッと逝ってしまった。大好きな湯船の中で人生を終えられて本人は幸せだったかもしれませんが、自宅で亡くなったときは警察も呼ばないといけないし、家族は大変だったと思います。

誰しも死ぬまでは前向きに生きたいものですが、前に向かって生きるということは、その先に死があるわけですから、人生はなかなか複雑です。

でも**「死」を意識すると、人生が有限であることを自覚できるので、生きていることをよりありがたく感じられる気がする**のです。

そして誕生と同じように、死も基本的には自分でコントロールできるものではありません。だからこそ、人は自分の死に方が気になるのでしょう。

ピンピンコロリは理想の死に方ですが、実際に計画して実行できるものではありません。宝くじに当たるより、むずかしいかもしれません。

たとえ健康に気を遣っていても突然、病気や事故にあったりして寝たきりになってしまう可能性だってあります。もしそうなったらどうしようか、と考えることも正直あります。

脚本家の橋田壽賀子《はしだすがこ》さんは、これ以上生きたくないという状況になったら、安楽死をしたいとおっしゃってました。

もし安楽死が日本の法律でも認められるのであれば、私も寝たきりで家族や周りの人に迷惑をかけるような状態になったときは、その選択はありえるのかなと考えたりもします。痛みに苦しむのは、誰だって避けたいはずです。

寝たきりに関することで、最近知ってすごいなと思ったのが、スウェーデンの対策です。

スウェーデンでは、寝たきりになる人がほとんどいないそうです。日本では寝たきりの状態にある人が１５０万〜２００万人ほどいるといわれていますから、驚くべき事実です。

なぜそんなことが可能かというと、医療と介護のシステムに秘策があるといいます。医療に関しては、まず胃ろうや点滴などを使った延命治療はしないそうです。それは「自立した個人」という文化を背景に、**最後まで人間らしく生きることが尊重されているから**です。

介護については、国民が在宅介護の手厚いサービスを受けられる仕組みができており、自宅で可能な限り、自立した生活が送れるそうです。

そのため、日本だったら確実に施設に入っているような認知症の高齢者でも、在宅介護を受けて自宅で生活をしているといいます。

80年代までは延命治療が行われていたそうですが、長期間の延命治療は本人、家族、社会に負担をかけすぎるということで、国民の意識が変わっていったということです。平均寿命（２０１9年度）を比べると、日本は84・3歳、スウェーデンは82・4歳。日本人のほうが少し長生きです。でも私だったら、最後まで人間らしく生きられるスウェーデンのような考え方のほうがいいなと感じます。

スウェーデンにおけるこうした高齢者に対する介護や医療の在り方は、平均寿命世界一の超高齢化社会の日本が今後、参考にすべき点がたくさんあるような気がします。

あの世は、戻ってきた人がいないほどのいいところ

かつて、老人ホームを慰問した際、88歳になるというご老人の話がとても楽しくて印象的でした。

「長生きの秘訣は何ですか?」と尋ねたら、「そりゃ決まっている。息をするのを忘れないことだ」と平然とした表情でお答えになるのです。

話の流れで、さらに「あの世ってどういうところなんでしょうね？」と尋ねたら、その答えが実にふるっていました。「そりゃいいところに決まっているだろう。あの世から戻ってきた人間は誰もいないからな」と笑いながらおっしゃったのです。

このぐらいタフなユーモアがあれば、死神のほうが恐れをなして逃げだしそうです。

この方は死に対してどこか達観したところがありましたが、われわれ凡人は死んだらどうなるんだろうと、考えてしまうものです。

生きている人は、そもそもみな死んだ経験がないので、死んだ後どうなるかは誰にもわかりません。私は旅先のホテルで幽霊を見たことはありますが、死んだら霊のようなものになるのかどうか、それもわかりません。

横になっていて、眠りにすっと入るときの心地よい感覚があります。死ぬのはそれに似た感じなのかなとも思ったりします。

私は漫談のネタに死もよく使います。

奥さま。ご主人を大切にしてあげてください。大切にするために、一緒になったんですよ。ご主人もね。大切にするために、一緒になったんだって。

この前も葬式に行って参りました。

奥さまのような感じの、品のいい方が、ご主人のご遺体にしがみついて泣いていました。

感動しました、その奥さまの言葉に。

「あなたー、元気でね。ありがとう。こんなに早く逝っちゃって。あれもしたいこれもしたいっていっていたのに、死体になっちゃったね」

「あなたー、あなたー。着いたらメールちょうだいね。あなたー、何も残さなかったのね。あなた、聞こえてるの、聞こえてないでしょう。耳に綿なんか入れて。何考えてるの？　いつ入れたの？」

「あなたー、こんなに冷たくなっちゃって。冷たいでしょ。冷たいよねぇ。このあと熱くなるからね……」

いずれ死ぬことを思い煩って、クヨクヨ生きる必要はありません。遅かれ早かれ、人間の死亡率は100パーセントです。

数年前のことですが、私は一度だけステージで倒れたことがあります。

風邪気味で体調がよくなかったせいもあって、小一時間喋っているうちに、貧血と脱水症状を起こしたのです。

かっちりした裏地の厚いモーニングを着て、カツラをかぶって、上から横から強い照明をガンガン容赦なく浴びていると、全身びっしょり汗をかくのですが、どうも水分が不足してしまったようです。

一瞬、演技と思ったお客さんもいたかもしれませんが、驚いたでしょうね。背中から後ろ向きに倒れたのですが、幸い頭は何ともなかった。カツラがいい具合にクッシヨンになって、頭を守ってくれたのかもしれません。それ以降、私はカツラに足を向けて寝られません。

ステージで倒れたときに感じたのですが、気を失っていく感覚というのは、けっこう気持ちいい。死ぬときってこんな感じなのかな、とそのとき思いました。

人は病気で亡くなるときでも、死ぬ瞬間は苦痛を和らげる幸せホルモンが脳に放出されるから苦しくないと医師がいっているのを聞いたことがあります。

本当にそうなのかもしれないなと、私はこのときの経験で感じました。

死を怖がったり不安に感じるのは、死がどんなものかがわからないからでしょう。もっとも私自身は、あまり死が怖いとは思っていません。**むしろ、死んだらどうなるのかという好奇心が勝っているくらい**です。幽霊のカツラ着用は許されているのかな、とか（笑）。

もちろん経験したことのないものですから、ちょっとの不安はあります。でも「死んだらどうなるか」は、最後の楽しみにとっておこうと思います。

死ぬことがそれほど怖いと感じないのは、これまで精一杯生きて、仕事も納得がいくほどやって、たくさんの人を笑わせることができたといった気持ちがあるからかもしれません。

そして、人生の締めくくりともいえる70代は、さらに多くの人を笑わせ、悔いなき時間を過ごしたいと思っています。

親父からもらった1万円を持って18歳で上京、芸人をこころざし、キャバレーの司会を10年、演歌歌手の専属の司会を20年、50過ぎでブレイクして足掛け20年、他の仕事は一切やらず、ひたすら話芸を磨いてきました。

振り返ると、長い時間がかかったけれど、私なりの夢を実現できたという達成感と満足感があります。

満足というと、それで終わりになってしまいますから、納得感といったほうが正しいかもしれません。それは、大好きな富士山の頂上にのぼったかのような気分でもあります。

年齢的には現在70代で、まさにこの10年が自分の集大成。70代で自分の人生が決まるという心づもりで、さらに精進していきたいと思っています。

70代は「祈る時間」が長くなる

私は若い頃、仏教の世界に憧れて、お坊さんになりたいと思ったことがありました。実際、お寺に入って出家しないかという話もありましたが、そうする前に、修行もしないで、自ら頭ツルツルの坊主になっちゃった（笑）。

そんなこともあって、お寺や神社はすごく好きなのです。四国の八十八か所を巡ったこともあります。

私が集めている骨董品のなかには仏像もあって、小柄な女性くらいの大きさのものから小さなものまでたくさんあります。

ふだんはその仏像に向かって、よく手を合わせています。そうすると、何ともいえず気持ちが落ち着くのです。両親はよく手を合わせて念仏をぶつぶつ唱えていましたが、そんな後ろ姿を見て育った影響もきっとあるのでしょう。

70代にもなると、人は若い頃は見向きもしなかったお寺や神社に足が向いたり、手を合わせて祈るという時間が長くなったりするものです。

昔は気になった線香のにおいも、次第に好ましく感じられ、最終的には自分の頭の上に線香が立つわけです。

人間は最後、見えない世界にいくわけですから、見えない世界に向かって心を向け、手を合わせるということは当然のことだと思います。

死という見えない世界をどこかで意識していると、毎日を精一杯生きようという気持ちにさせてくれます。

「きみまろさん、人生において『悟る』って何なんでしょうね?」

そんなことを最近、知人から聞かれました。

「悟り」に答えはないのでしょうが、一ついえば、自分の死がわかって、それに向けて心の準備をすることかなと思います。

元気な人は悟りなんていらないし、夢や希望を抱いている人も、悟りを開きようがない。

だから、人は人生の途中でへんに悟ろうなどと考えなくてもいいのだと思います。

死が近づいてきて、もうすぐ死ぬんだなと気づくことが一種の悟りなのかもしれません。そこで、静かに死ぬことを受け入れられるかどうか。ふだん仏様や神様に手を合わせるというのは、そのための準備をしているような気もします。

お葬式はささやかがいい

歌手の美空ひばりさんのお葬式のとき、焼き場の煙突から煙が上がるのを見て、みんな泣いたという話があります。

ものすごい数の人が葬儀に出席したので、斎場は美空ひばりさんのお見送りで貸し切り状態。ちょっと不謹慎な話ですが、本来なら煙は何人ものご遺体を焼いたものが混じり合っているわけですが、そのとき火葬されたのはひばりさんだけだったので、煙を見て、誰もがひばりさんのものだとわかったというわけです。

そうやって多くの人がどれだけ集まるかというのは、生前故人が社会的にどのくらいの地位にあったのかという一つのバロメーターのようなところがあります。

でも、今はテレビで「こぢんまり」を売りにしたCMがさかんに流れるように、家族や本当に親しかった人たちだけが集まって行う、小規模なお葬式が増えました。

お金をいっぱいかけて、参列者をたくさん集めて派手にするような大きなお葬式は、ほとんど見なくなりました。

私は自分のお葬式は、こんなふうにしてほしいというものは特にありません。本当に親しい身内だけに見送られながら、ひっそりとやってもらいたいと思っています。

ただ強いていうなら、ハワイが好きですから、ハワイの海に散骨してもらうのはいいかなと考えたりします。最近は樹木葬というのも流行っているそうですが、樹だって寿命はあります。枯れたり、折れたりということもあるでしょうから、そんなことを考えると、樹木葬はちょっと遠慮したい気もします。

ハワイの散骨ツアーは知り合いが仕事で関わっていて、一度見学に来てくださいというので、行ったことがあります。

ハイビスカスの花とともに骨を海にまくのですが、そのタイミングでトランペットが哀愁に満ちた惜別《せきべつ》の曲を奏でます。それを聴いて、みんなが抱き合って泣いている――。そんな場面を目にすると、こういう見送られ方も悪くないなと感じます。

芸能人の場合、お葬式だけ先にすませておいてから、お別れの会だけやることをマスコミが報道し、そこで初めて亡くなったことを知ることがあります。

私は、お別れの会もいらないと思っています。ひっそりと誰にも知られず亡くなって、風の噂《うわさ》で綾小路きみまろは亡くなったらしいというようなことを、ささやかれるのが理想です。

でも、実際はそうもいかないでしょうから、亡くなってお葬式もすませてから、訃《ふ》報《ほう》が新聞の片隅に載るくらいでいいかなと思っています。

戒名やお墓なんかも特にいらないのですが、これは遺族が決めるほうがいいと思うので、そこはお任せしようと考えています。

化けて出なくてもいいよう、心残りをなくす

7年ほど前、芸能関係の知り合いから、「俺が亡くなったら葬式では、この写真を使ってくれよな」と軽い感じでいわれたことがあります。それから2年くらいして、その人は亡くなってしまいました。

まだまだ生きられる年齢なのに、あっけなく逝ってしまった。そういうのを見ると、

終活とかいってへんに準備なんかしないほうがいいのかなと思ったりします。

私の父もそうです。私を入れて二人の子どもを前にした父が、この畑はお前に譲る、この山はお前……といった翌年に、運転していた耕運機（農機具）が畑に落っこちて死んでしまった。

自分の死を準備するというのは、実際は何の因果関係もないにしても、死を前倒しにするような印象がどこかあります。

そんなこともあって、終活を積極的にするのはどうなのかなという気持ちも正直、私にはあったりします。

終活に関しては、それこそいろいろな意見があります。お葬式やお墓や遺品に関することは一人で決めていいものではなく、遺族が判断すればいいことだとか、物を処分するのは煩わしいから、そんなことはしなくていいとか、立場や考え方によってさまざまです。最近は終活ブームに便乗したおかしな業者もいるといいますから、気をつけないといけません。

ただ私の場合は、道楽で続けてきた骨董のコレクションが、それこそ大きな倉庫にぎっしり入るほど膨大にあるので、これをどうしようかというのはあります。

一升瓶の10倍くらいある大きさの瓶が3本もあったり、大きな機《はた》織り機があったり、興味がない人からすればこんなものどうするの？　といったものもたくさんある。そんなものも含めて、これだけの数のものが残れば、さすがに家族は迷惑だろうなと考えてしまいます。

欲しい人に全部あげるにしても、あまりにも多すぎる。これをどう整理していくか、これからじっくり考えようと思っています。

タレントの中村メイコさんは、自宅を引き払ってマンションに移るとき、トラック何トン分ものものを捨てるという生前整理をされたそうです。

私の骨董品も、おそらくトラック何トンというレベル。どうやって処分していこうかと目下、悩んでいるところです。**この状態でうっかり逝ってしまうと、気になって、**

化けて出てきそうな気がするからです。

もし財産をたくさん持っていて、残してもしょうがないという人は、どこかに寄付してしまうのもいいと思います。

この世で「徳」を積んでおけば、間違いなく天国でちやほやされますよ。

第4章

「一人の時間」を実りあるものにする

70代でも新しい友達はできる！

孤独は人生における大きなテーマです。なにしろ、政府が内閣官房に孤独・孤立対策担当室を設置し、深刻化する社会の孤独・孤立の問題に取り組んでいこうとする時代です。

超高齢化社会にあって、孤独で孤立した生活を送るような人は、年々増えていくばかりです。どうやって孤独や孤立を減らすことができるのか、本気で取り組まないといけない問題であるのは間違いありません。

ひとことで孤独といっても、さまざまなケースがあると思います。家族と一緒に暮らしていても孤独だという人もいるでしょうし、おひとりさまの孤独もある。老人の孤独もあれば、若者の孤独もある。その孤独がもし悩みになっているのであれば、それぞれの立場によって、対応策はまた違ってくるでしょう。

ここでは、特に高齢者の一人暮らしに見る寂しさや不安を伴う孤独について考えてみたいと思います。

そういう孤独に悩まないためには、年を取って一人暮らしになる前から準備が必要です。

家族が先に亡くなってしまうのは、ある程度予想がつくことですから、**一人になる前から老後に支え合う仲間をつくっておくというのは大切**です。

それにはふだんから友達とのつき合いを大事にするとか、山登りや俳句など一緒に趣味を楽しむ仲間を見つけるとか、いろいろな人とのつながりを築いておくことだと思います。

誰ともつき合いのない、孤立した孤独というのは、そのような努力で多少は避けられるでしょう。

もちろん、一人暮らしになってからでも遅くはないと思います。孤独を解消するために、趣味や何かの社会活動を通して人との出会いを求めようと思えば、いくらでもできるはずです。

私の知り合いにイラン出身の方がいるのですが、彼の国では中高年の男性が何人か集まって道端や公園でお喋りしたり、水パイプを吸ったりする光景がほうぼうで見られるといいます。イランに限らず、中東の国々では広く見られる慣習です。

こんな憩いの場があれば、孤独の問題というのはかなり解消されるでしょうが、日本では国民性的にも、むずかしいかもしれません。

一人暮らしで困るのは、病気や怪我をしたときです。突然、倒れて意識でも失ったら、誰にも気づかれない可能性もあります。体がちゃんと動かせないときは、食事をつくったり、買い物をするのも大変です。

そんなときに大切なのは、ご近所さんです。ふだんから近所づき合いをちゃんとしていれば、何かあれば声をかけてくれるでしょうし、ちょっとしたお願いごともできます。台風や地震などの自然災害にあったときも、助け合えます。

私も、ご近所づき合いは、とても大事にしています。庭掃除をしているとき、家の前を通る人と挨拶をして世間話をすることなんかはしょっちゅうです。

自家菜園でつくった野菜を近くの農家の方に持って行って差し上げたり、お返しに「いい大根できたから、食べて！」といただいたりすることもしばしばあります。

人類は共同社会をつくって、助け合うことで長い歳月を生き延びてきました。最初に声をかけるのは勇気がいるでしょうが、かけてみたら意外とすぐに打ち解けて、いい関係を築けたという話はよく聞きます。

70代になったとき、周りにどれくらい助け合ったり、声をかけ合ったりできる人がいるかで、幸せ度は変わると思います。

友人は若いときじゃないとつくりづらいという人がいますが、そんなことはありません。いつだって、出会ったときが最高のタイミングであり、必要なのは、ほんの少しの勇気だけだと思います。

孤独好きのほうが人生を楽しめる

寂しいとか不安だとか、孤独にまつわるイメージは後ろ向きのものが少なくありません。しかし、もっと肯定的に孤独というものをとらえたほうがいいと私は思います。

孤独そのものは、悪いものではないと思います。孤立という状態はよくありませんが、人は一人で生まれてきて、一人で死んでいくのですから、元々が孤独な存在なんです。だから孤独というのは基本であり、その上で、どうするかです。

孤独を楽しむというのも、一つの生き方です。一人暮らしの気ままさ、自由さを満喫したい人は、一人でいろいろなことを楽しむ術《すべ》さえあれば、それで十分かもしれません。

ただ孤独を楽しむといっても、好きなことが見つからない人もいるでしょう。どうやって一人の時間を過ごしていいかわからない、という人も少なくないと思います。

そんな場合はどうすればいいかと私が聞かれたら、「**まず今日と明日の小さな目標をつくってみてはどうでしょう**」と答えるでしょう。

どんな小さなことでもいいんです。

「隣町にある花壇がきれいな公園まで散歩してみよう」

「先週オープンした総菜屋さんでお弁当を買ってみよう」

「ここ何年も会っていない友達に連絡をとってみよう」

「字がきれいになりたいから、ペン字の練習帳を買ってきて今日から始めよう」

「この前テレビで見た芸能人による俳句の番組が面白かったから、自分でも俳句を3つほどつくってみよう」

こんなふうに今日か明日にもできることを目標に掲げて、達成する。それをくり返していくんです。そうやって達成するたびに、ささやかな充実感や喜びを見出すのです。最初は「そんなに面白くないな」と感じても、1週間、2週間と続けてみてください。**物ごとには続けてみないとわからない楽しさが確実にある**からです。

やる気がないときなども、ともかく何でもいいから動いたほうがいいとよくいわれます。やる気があるから行動が起こせる、というものではなく、むしろ行動することで次第にやる気が出てくるとよく聞きますが、実際にその通りだと思います。

今日、明日の目標をつくるという小さな習慣も、続けているうちに気分が乗って、楽しくなってくるはずです。「何をして過ごせばいいかわからない」という方は、ぜひ試してみてください。

私は舞台で賑々《にぎにぎ》しく漫談をやる男ですから、孤独なんて不似合いだと思われがちです。でも、私自身は、かなりの孤独好きです。漫談のネタを考えるために一人の世界に閉じこもることを、もう40年以上も続けています。

最近、家の近所で散歩をしていて、こんなことがありました。

漫談のネタの練習で、下を向いてブツブツいいながら歩いていたんです。

するとパトカーが寄ってきて、すっと脇を静かに過ぎていった。ところが、そのパトカー、ぐるっとあたりを一周して、またこちらに来るのです。

そして今度は、私のところでぴたっと止まって、警察官がじーっとこっちを見ているのです。

私が「何でしょうか?」というと、どこかで見た顔だなと思い出したように、「あっ、きみまろさんですか?」と気づいてくれた。きっと、かなりあやしかったのでしょう。

このように、ときには人からちょっと理解してもらえないような孤独であやしい時間がなければ、今漫談家として舞台の上に立っていなかったと思います。

孤独になるのは、漫談のネタづくりのときだけではありません。趣味の骨董品を眺めて楽しむのだって、一人だけの時間です。土を耕し、作物を育てるのも孤独な作業です。

孤独な一人時間を大いに満喫しているからこそ、自分の人生だと感じられるわけで、これからも孤独は大切にしていきたいと思っています。

ところで、今のネット世代が高齢化したときは、孤独のニュアンスもまた少し変わってくるような気がします。

ネットを見て、一日の大半を過ごすような若者は、老人になってもネットの世界さえあれば、それほど現実の人間関係は必要としないかもしれません。

老人ホームに入っても、スマホやパソコンのタブレットを持ち込んで、一日中、画面を見て時間を過ごすなんて風景が、将来的には当たり前になるかもしれません。

ですから孤独という概念は、これから変わっていく可能性があります。それをこの目で確かめたい気もしますが、おそらく私はいないでしょう。

人生は死ぬまでの暇つぶし

「人生は死ぬまでの暇つぶし」。私は人生について、そのように思っているところがあります。

確かに人生は一筋縄でいかないさまざまなことがあるものですが、そのくらいの気楽さで生きていくと、ちょうどいいような気がするのです。

「たかが人生、されど人生」といういい方をするとすれば、「たかが人生」のほうに少しウエイトを置く感じでしょうか。

そんな感覚でいると、深刻になりそうなときも、絶望しそうなときも、そうならずに何とか切り抜けられる。そう感じるのです。

私はどちらかというと、根が楽天的にできているようです。楽観的な性格か、悲観的な性格かを判断するコップの水の逸話があります。水が半分入ったコップを見て、どう思うかというやつです。

まだ半分あると思うのは楽観的な傾向がある人、もう半分しかないと感じるのは悲観的なタイプ。私は明らかに、まだ半分もあるのかと思うほうです。

生きていれば、必ず何か問題が起こります。

人生は問題の連続で、まさに障害物競走のようなところがあります。**問題のない人生なんて、ありえません。**反対にいうと、**問題があるからこその人生**なんでしょう。

ですから、むしろ「問題があるのが当たり前」と思っておいたほうがいい。これは悲観主義ではありません。

問題が起こるのはおかしい、問題はあるべきではないと考えていると、いざ問題が起きるとあたふたして、ちゃんとした対応ができなくなってしまいます。

悪いことを想定しないことが、楽観主義というわけではないと思います。それでは、問題に足をしょっちゅう掬《すく》われてしまう、ただおめでたいだけの人生になってしまいかねません。

リスクや悪いことが起こりうる状況をどこかで想定しながら、その上で楽観的な気持ちで生きていく。70代こそ、そんな楽観主義で生きていきたいと思っています。

自分のことが一番わからない

人は他人のことはよく見ているものですが、自分のことは案外わかっていないものです。私は小学校時代に同級生たちから「よく人の顔をジロジロ見るよね」といわれたくらい、昔から人のことをよく見ます。

それが大人になっても習性のようになっていて、結果的に仕事に活かされたんだなと感じます。

でも、よく見るからといって、その人のことを本当に理解しているとは限りません。ある人に興味をもって観察しても、わかるのは氷山でいえば水面に出ている部分であって、水面下の大きな部分はほとんどわかっていないと思います。

だから、人と人はわかり合えない部分というのが、どんなに親しくても必ずあるものです。

でも、わかってもらえないところがあっても失望したりせずに、わかり合っているところで人とつき合っていければ、それで十分じゃないかと思います。

じゃあ、反対に自分のことはよくわかっているのかといえば、それもまた違うと思います。みな、だいたい自分のことはよくわかっていると思っているものですが、自分のことだって実は、よくわかっていない部分が意外なほどある。いや、**実際は自分のことが一番よくわからないんじゃないかと思います**。

たとえば、「あなたはこんなところが悪い」と指摘されても、「えっ、そうなのかな」と思ったりしませんか？　だから自分の欠点を棚に上げて、似たような他人の欠点をあげつらったりするわけです。

70年以上生きてきても、いまだ自分のことを把握しきれていないというのも妙な話ですが、**だからこそ人は自分に対して飽きたり退屈したりせずに生きられるのかもしれません**。

その一方で、自分をよく見つめるというのは大事なことです。

私なんか、自分をよく見つめて反省して……ということをくり返しながら生きている気がします。「余計なことといってしまったかな」「どうでもいいところで意地を張ってしまったなあ」「こういうところは謙虚にならないといけないよな」……年を取ると、そんな反省と内省の連続です。それで少しは成長しているのかなと思いますが、みなさんはいかがですか。

たとえば、妻から悪いところを指摘されて、素直に「そうだね、ありがとう」といえればいいのですが、これがなかなか難しい。ふだんはさんざん人に毒舌を吐いているのですから、もっと自分の悪いところも受け入れて成長しないといけないのでしょうが、人間、そううまくはいきません。人生をかけて修行が必要なのだと、身にしみる今日この頃です。

損得勘定で生きると痛い目にあう

人間は、何でも二つに分けて比べようとする生き物です。面白いかつまらないか、好きか嫌いか、損か得か……。みなさんが何かについて判断したり、行動したりするとき、このなかで重要視するのは何でしょうか。

今の世の中では、損か得かで物事を決める人が多い気がします。

こっちの店のほうがあっちの店より50円安い、といったものから、あの人と結婚するよりこっちの男と結婚したほうがいい生活ができる、この仕事を断ってあの仕事をしたほうが稼げるといったものまで、いろいろあると思います。

もっとも損得勘定は、自分の思惑通りにいかないことが多いものです。

あの人と結婚するといい暮らしができると思ったのに、会社では出世できず、景気が悪くて給料もダダ下がり、パートの仕事を二つも三つも掛けもちしないと生活が回せなくなってしまった……。

この仕事はチャンスだ。これを成功させたら周りの評価もぐんと上がって、仕事がじゃんじゃんくるぞ。そう期待したのに、トラブル続きで結局、うまくいかずじまい……。そして結果的に、痛い目にあう。

スーパーであっちの店より30円安いから得だという計算はできても、仕事や結婚、人とのつき合いなど大きなことは、本当に何が得で何が損かなんてわからないものです。視界に入ってくる得損のレベルだけでは、計り知れないものがある。ですから、目先の得に安易に惑わされたりしないほうがいいと思います。

これまでいろいろな人を見てきて感じるのは、**損得勘定をよくする人は、長い目で見ると、結局あまり得をしていなくて、実は損をしている**ということです。

そのなかにはいけいけどんどんな会社の経営者で、商売の損得にはすごく目ざといのですが、社員の人望がなかったり、取引先の信頼を損なうようなことを重ねたりして、一時はよかったものの最後は会社をつぶしてしまった人なんかもいます。

損得勘定にとらわれすぎて、最終的には損をしてしまうケースというのは、損得の計算以前に、もっと大事にしなくてはいけないことがおろそかになっているからだと思います。

真面目に一生懸命に取り組むことだったり、人との縁だったり、納得感だったり、面白さだったり、そういったものが、本来は損か得かの計算より先にくるべきだと私は思います。私はその思いだけで仕事をしてきたといっても過言ではありません。

人との縁は、特に大事です。結局、**人生におけるさまざまなチャンスはすべて、人との出会い、人とのさまざまなご縁から生まれるもの**だと思うからです。

しかし、損得の計算をしてしまうと、お世話になった人でも「もうこの人とは、つき合ってもメリットがない」と離れてしまったりするわけです。けれども、そういう人とのつき合い方というのは、他の人に対してもどこかソロバンをはじいているように感じられて、あまり信用されなかったりします。

信頼されないというのは、実はものすごく損なことなのに、当人は目先のことにとらわれて、意外と気づかなかったりするものです。

ですから、出会う人との縁は本当に大切にしないといけないと思います。70代ともなれば、なおさらです。

私は義理がある人からの仕事は、どんなに悪い条件でも受けます。こっちのほうがいい条件だからといって、その人を裏切るようなことは絶対にしない、という姿勢でずっと仕事をしてきました。

私は出会ったさまざまな人たちのおかげで、ここまで来られたと感じています。人間関係においては、損か得かなんてことは関係ないのだと思います。

そもそも、**損か得かなんて考えないほうが人生はすっきりするし、楽しく生きられる**気がします。そのためにも、**人生において何が本当に大事なことなのかということを常に忘れないようにしたい**と思っています。

「あいさつ」が福を呼ぶ

人生は偶然の連続です。振り返ってみると、自分のちょっとした行動や人との出会いなど偶然の数々が運命の流れをつくって、ここまで辿り着いたなという感じがします。

同時にそれらは一見偶然のように見えて、必然的であったような気もします。何か自分の意思を超えた大きな力のようなものがそこにある。そう考えると、運命というのは、やはりあるのかなと感じます。

ただし、それは決まったものではなくて、自分の努力によって変えられる部分もある気がします。

運命以上に、自分の努力で変えられるんじゃないかと思うのが、「運」です。

運というのは不思議なものです。運に恵まれているなというときもあれば、運に見放されたなというときもあります。

でも、私は運というのは結局、その人がどういう生き方をするかで来てくれたり、来てくれなかったりするものだと思っています。

私にとって生きていく上で大事なことは、「努力と忍耐」です。

努力と忍耐なんて泥臭いことのようにも感じますが、この当たり前のことを、どれだけできるかなんだと思います。

目の前のことを一生懸命する。精一杯できることをする。そんな努力をするには、真面目でなくてはいけません。不真面目に努力をするなんてことはできませんから、「真面目に一生懸命する」ことが大事なんです。

「真面目に生きろ」というのは母がくり返しいっていた教えだったのですが、母も実に真面目な人でした。

母からもう一つよくいわれたのは、「あいさつをしろ」ということでした。私が鹿児島の田舎に帰省すると、まず近所にあいさつに行けといいます。

「俺はおふくろとおやじに会うために帰ってきたんだよ。周りにあいさつするために帰ってきているんじゃない」といっても、「いいから、あいさつだけはしてこい」といいます。

それで近所の家を何軒も訪ねて、一通りあいさつをすませてから、やっとこさ実家に戻って親と一緒にお茶を飲みながらくつろぐ、というのが毎度のパターンでした。

この**「あいさつをしろ」というのは、今から思えば、人を大事にしなさい、縁を大切にしなさいという教え**だったのでしょう。人とのつき合い方というのも、運に大きくからむことだと思います。

忍耐も大事です。**人生には、逆風が吹く辛いときや思い通りにいかないときがたくさんあります。そんなときは、今にきっとよくなると思って、じっと辛抱することです。**自棄《やけ》になったりしてはダメです。

ただ辛抱といっても、ただ耐えるだけの時間が長いと、心も折れがちになりますから、辛抱する気持ちを少しでも軽くしたり、あるいはそのなかでも楽しみを見つけるような工夫も必要です。趣味や好きなことがある人は、その点で強いと思います。

何かあっても心を腐らせたりせず、真面目に一生懸命に努力をする。その積み重ねが、結果的に運を呼ぶという気がします。

生きていく上で当たり前の大事なことを、ただひたすら積み重ねる。とても地味なことですが、集大成ともいえる70代では、特に心しておきたいと思います。

直感にしたがうと、人生は花開く

人生は選択の連続です。どっちの道を進むべきか、そんな判断を迫られることが、小さなことから大きなことまで数限りなくあります。

私は何かを選ぶとき、自分の直感をかなり大事にしています。仕事を決めるときも、最後は直感に頼ったりします。

漫談家の道を進もうと決めたのも、自分にはこういう才能があって、こういった条件があるといった判断を理性的にしたわけではありませんでした。もう直感としかいいようのないもので、何がなんでもこれが自分の進むべき道だと決めました。

花が開くまで時間はかかりましたが、その間も、いつかきっと評価してもらえるときがくるという、勘のようなものに支えられた気がします。

マネージャーや事務所のスタッフを面接で選ぶときなども、履歴の内容よりも、最後は自分の勘で決めます。このように仕事に関することは、もちろん考えるべきところはちゃんと考えますが、最終的な決断のよすがは、おおかた直感なんです。

直感に頼ることでもちろん失敗もありますが、頭であれこれ考えたり、分析したりして答えを出すよりは、結果的にうまくいく確率が高いと思います。そう、直感は頼りになるのです。

たとえば、自分の感覚では、人の第一印象なんかは8割以上当たっています。

一方で、いくつかの選択肢があって、迷った末に選んだものは、不思議とうまくいかないことが多かったりします。

将棋の羽生善治棋士も、「直感は7割正しい」ということをいわれています。次にどう指すかということを頭で考えていくと、けっこうな数の選択肢が出てくるでしょうから、最後にどれを選ぶかは直感ということなんでしょう。

ふだん何でも考えこんでしまうクセがあると、その分、直感は鈍くなる気がします。

実際、考えに考えて何かを選択しても、現実は予想通りにはならないものです。たとえば、就職だって景気がいいからこの会社にしようと思っても、10年後、20年後はどうなっているかわかりません。

それこそ、結婚だってそうです。そのときは相手が素晴らしく見えても、結婚してみたらこんなはずじゃなかったということは、ごまんとあります。

容貌なんかも、どんどん変わっていきます。数十年後、相手がどんなふうになるかなんて想像もつきません。

野に咲く可憐な花のような奥さまは、40年後には茶色く干からびた押し花のようになっているかもしれません。エネルギーに満ち溢れた精悍《せいかん》な旦那さまは50年後、曲がった背中を一層曲げて、洗面所で汚れがこびりついた入れ歯を熱心に洗っているかもしれません。

一切合切は変化し続けるのですから、どんなに考えこんだところで、未来のことはほとんど知りようがないのです。

このように、人生は予測のつかないことばかりです。

明日のことは予測できても、２年後、３年後なんてどうなっているかわかりません。70代になっても、選択を迫られる場面はいろいろとあります。そのときは、素直に直感にしたがってみるといいと思います。

第5章 「老いの体」と仲よくする

パンツを一人ではけなくなっても、めげない

70歳近くになって同窓会に行くと、どちらかというと後ろ向きな話がよく聞こえてきます。骨粗鬆症《こつそしょうしょう》だから骨密度を高める薬をずっと飲んでいるだの、人気者だったあの女子生徒は数年前に病気で亡くなってしまっただの、そんな老いの宿命ともいえるような話がどうしても多くなってしまいます。

電化製品と同じで、限られた命をもつ人間には耐用年数があるのです。スイッチがつきにくくなったり、年季の入った電化製品がへんな誤作動を起こしたりするのと同じで、人の頭も体も長年使っていると、どこかが消耗しておかしなことになるのでしょう。

私は一昨年古希になりましたが、歩くと膝がコキコキと鳴って、大変です。

先日も脚立にのって木の枝を切ろうとしたら、膝がぐらぐらしてしまって、「ああ、

これが70歳ということか……」と思いました。

パンツも一人で、はけなくなりました。といっても、誰かの手が必要ということではなくて、壁の力を借りてのことです。以前は立ったままはけたのが、今は体のバランスが崩れてコケないよう、壁にドンと手をつきながらでないと、はけない。

壁を背にした女性の前に立ちはだかった男性が、壁に手を男らしくドンとおいて、格好よく女性に愛の告白をすることを若い人たちの間では「壁ドン」と呼ぶそうですが、老人には老人ならではの壁ドンがあるのです。

格好よさとは、ほど遠い壁ドンです。

そもそも心臓や肺などの臓器、眼や耳などの感覚器官は、耐用年数があらかじめ遺伝子によって決められているんだそうです。

それによると、おおよその年数は50〜60年。ですから、それ以上、健康に長くもたせるか否かは、本人の努力にかかっているということです。

車は車検に出すと、不具合な箇所を指摘して部品を交換してくれたりしますが、人間もときどき病院などに行ってチェックを受けて、悪い箇所があれば治していく必要があるのでしょう。

最近は少なくなりましたが、昔の芸能界には、太く短くみたいな生き方をする人がけっこういました。

本人は何も自分の人生が太く短くていいなどとは考えていないと思いますが、わっと華やいだ生活を続けていると、どこか無理をするのかもしれません。

太く短くの生き方と、細く長くの生き方、どちらがいいというわけではありませんが、私は顔に似合わず、後者の細く長くの生き方なんです。70代で人生が決まる、と思っているくらいですから。

若い頃は多少の無理は何ともありませんが、年を重ねると、無理はじわじわと、体に蓄積されていきます。**体の声に頻繁に耳を傾けて、無理をせず、大事に生きる。**そんなことを、私は年を取るほど意識し、実践するようになりました。

メモ帳を持ち歩き、脳を活性化

私が70代でも健康でいられるのは、お酒をほとんど飲まないことも理由の一つとしてあるのかもしれません。

若い頃、私はキャバレーで司会の仕事を長らくしていました。そんなところで司会なんかをしていると、お酒もけっこういけるんでしょという目で人から見られたりするのですが、まったく逆なのです。

私は鹿児島の田舎育ちですが、周りの男衆《おとこしゅ》はみなお酒が好きで、夜な夜な集まっては焼酎を飲み交わし、どんちゃん騒ぎをするような雰囲気でした。

そんな環境で育ったにもかかわらず、私はお酒にはとことん弱く、飲んでいると気持ちよくなるどころか、気分が悪くなってしまうのです。

頭がモヤッとして、そのうち眠くなって寝てしまう。それで朝起きるとたいした量を飲んでいなくても、頭が重くて半日くらい何もできない。そんなことを何度かくり返すうちに、自分はお酒に向いていないないなと思いました。

それと同時に、飲んでいる時間がもったいないなあと感じたのです。

キャバレーでは自分でつくった漫談を酔客《すいきゃく》の前で披露していましたが、いずれは芸人として独り立ちして、大きな舞台に立ちたいと思っていました。そのためには日々の努力を根気よく重ねていくしかありません。ですから家に帰れば、常に新しい漫談を考えるための勉強に、ほとんどの時間を割いていました。

私にとって勉強というのは、ネタになりそうな内容が載っている本を読んだり、新聞の記事を切り抜いたり、人間に対する理解力を深めてくれるドキュメンタリー番組を見たりすることです。それによって、漫談のネタづくりのヒントを得るのです。

ネタのアイデアは、いつ天から降ってくるかわかりません。ですから、それがすっと出てきたときに忘れないように書き留めるメモ帳を、いつも肌身離さず持ち歩いています。

メモを取ることは脳の活性化、認知症防止になるんじゃないかとも思います。移動中の新幹線の中でも、思いついたことをよくメモっています。書いたメモ用紙は捨てません。というのも、後からメモしたものを読み返して、このネタとあっちのネタをくっつけると面白いぞとか、パズルみたいにネタ同士をつなぎ合わせたりするからです。

少しでも前に進むために、仕事以外の時間は、できるだけ勉強に割きたい。ですから、お酒によって勉強する時間を減らしてしまうのは悔しいわけです。

キャバレーでお酒に飲まれているお客さんたちの前で「司会」をしながら、人生が「視界不良」にならないよう、お酒には飲まれないようにしようと心に誓ったのです。

前にもいいましたが、私の母の遺言は「真面目に生きなさい」です。「人に迷惑をかけちゃいけない。真面目に生きろ」といわれても、当時はうるさいくらいにしか思いませんでしたが、だんだん年を取ると「真面目」の意味がわかってくる。やはり**母親というものは、子にとって一番必要な言葉を残してくれるものだなあと、この年になってもしみじみと思います。**

納得するまで血圧を測り続ける、きみまろ健康法

私は生きている限り、できるだけ長く舞台に立ち、大勢の人を笑わせたいと思っています。

公演では毎回70分間近くも立ちっぱなし、喋りっぱなしなので、かなりのエネルギーを使います。全身はサウナに入ったような汗でびっしょり、体重は1キロくらい軽く減ります。

おそらくみなさんが想像している以上に、舞台は重労働です。そんな公演を日本中を駆け回って年間100回以上もこなすには、一にも二にも体が丈夫であることが求

められます。風邪なんかひいてる暇はありません。ともかく義務のように健康でなくてはならないのです。

舞台がはねると、公演期間中は毎晩のように興業元の人たちが最高のもてなしをしてくれます。でもおいしいものを毎日たらふく3日も4日も続けて食べていると、やはり太るのです。

舞台でエネルギーを激しく消耗して体重が落っこちた分以上のものを、夜の接待で増やす。その足し算、引き算をすると、結局プラスになるわけです。

そんな公演を1年間続けていると、ぷくぷくタヌキになってしまいます。太るだけならまだいいですが、肥満は生活習慣病の入り口です。病気になれば仕事もできなくなりますから、ご馳走続きの後は十分に摂生をしてバランスをとるようにしています。

健康という言葉で思い出すのが、ケーシー高峰さんです。ケーシーさんは私が漫談家としてブレイクした頃、楽屋を訪ねて来られて「やっと本物の漫談家が出てきたね。あんたは俺の後継者だよ」とほめてくれました。

当時、まだ不安を抱えていた私を、心から大いに励ましてくれた恩人です。

その後、舞台で共演したこともありますが、ケーシーさんはお年をめされてからは舞台の終わりは、いつも「**本当の健康を知っている人は、病床にいる人だ**」というフレーズで締められていました。助平な漫談をやっても、最後はこの真面目なフレーズで締めるのです。

私はまだ幸い病床にはいないので、ケーシーさん流にいうと、本当の健康を体で実感できてはいないのかもしれませんが、やはり70代になると健康は大切だなとつくづく感じます。

人間、長く生きていると、健康面においては増えるものばかりです。

シワが増え、白髪が増え、体重が増え、コレステロール、血糖値、血圧、中性脂肪、皮下脂肪が増え……。

私の場合は、ことと血圧の数値の上昇が気になります。そのため血圧を測るのが毎日の日課になっています。そこで表示される数値を見て、一喜一憂します。

体は日々変化するものですから、血圧だって同じ数値が出るわけじゃありません。最初測ったときに上が150を超えていたりしたら、ムキになって「この数値はありえん！」と声に出して、やり直します。慌てた気持ちを静めるべく深呼吸をして、もう一度やってみると、今度は135とか、だんだん下がってきます。

そうやって、自分が納得のいく数字が出るまで測り続ける。こうして出た数値に何の意味があるのか、私にもよくわかりません。

健康にはこのように気を遣っていますが、かといって、とりたてて自慢できるほど特別な健康法をやっているわけではありません。

かつては黒酢ニンニクがいいと聞けば黒酢ニンニクをせっせと食べたり、青汁がいいと聞けば青汁を毎日飲んだり、よいといわれる健康食品は片っ端から試したこともありました。たくさんやりすぎて、何が効いたかわからなくなるという、よくあるパターンに陥りました。

以前はジョギングをしていましたが、最近は家でもっぱらエアロバイク。1日に40分から元気なときは1時間漕いだりしています。私の健康法はせいぜいその程度です。「その程度」というと、人からは「きみまろさん、エアロバイクで40分そこらはかなりのもんですよ」といわれますから、一般の感覚からいうと、「その程度」ではないのかもしれません。

確かに、エアロバイクの40分は一番重いギアにして漕いでいるので、それなりにきつい。ですから2回か3回休憩をはさんで、トータルで40分以上になるようにしています。

その他に健康に気を遣っていることといえば、先述したようにお酒を飲まないこともそうですが、**食事は腹八分、塩分はなるべく控えめにして、野菜を毎日たくさん摂**

ることを心がけています。

白米も大好きなのですが、糖質制限を考えて、せいぜいお供え仏飯《ぶっぱん》2杯分にしています。

あの世に行くと、お供えは仏飯1杯になるでしょうから、予行演習としてもちょうどよいのです。

野菜を食べて「腸一流の男」になる

私が口にする野菜は、ほとんど河口湖にある自宅傍の自家菜園で育てたものです。かぼちゃ、ナス、にんじん、大根、とうもろこし……実にさまざまな野菜をつくっています。特に最近はコロナ禍の影響で自宅にいる時間が長くなったせいで、以前よりも畑の野菜づくりに精を出しています。

自宅からは雄大な富士山が間近に眺められます。富士山の残雪《ざんせつ》が、春の訪れとともに鳥のような形で浮かび上がる時期があります。地元では「農鳥《のうとり》」と呼ばれて、それが見える頃に地元農家では畑を耕し始めます。

私も毎年それにならって、農鳥のサインを合図にさまざまな野菜を植えるようにしています。コロナ禍で世の中が騒がしくなっていた頃、私は「濃厚接触」でなく「農耕接触」にずっと励んできたわけです。

野菜は面倒を見すぎると、かえってよくありません。**肥料のやりすぎ、水のやりすぎ、農薬のやりすぎ、すべてやってはいけないこと**です。**やりすぎがダメで、ほどほどがいいのは、人間と同じ**かもしれません。

農薬については、私はまったく使っていません。出荷して売るわけではありませんから、多少虫に食われてもいいのです。

つくり方はネットのユーチューブの専門番組などで、いくらでも勉強できます。

ただ、私は偏屈《へんくつ》なところがあるので、ネットの先生がいうことをそのまま素直に実行せずに、野菜の様子を見ながら自分流のアレンジを加えたりしています。

東京から来た知人に食べさせたりすると、10人が10人、「お店で売っているのとは全然違う。みずみずしくておいしい」とほめてくれます。

どの野菜も、みずみずしい甘さが口のなかで弾けるような食感と味わいで、こんな恵みをいただいているから健康でいられるのかなという気持ちになります。

水がしたたる新鮮野菜をいつも食べていれば、こんなタヌキ顔をした私もそのうち「水もしたたるいい男」になるかもしれません（笑）。

私のユーチューブチャンネルでは、自家農園（ポンポコ農園）をたくさん取り上げていますが、この菜園がけっこう広いんです。水やりだけでも30分はゆうにかかります。広くて私一人では作業が追いつきませんから、スタッフにも手伝ってもらって、せっせとつくっているわけです。

最近、腸を元気にする「腸活《ちょうかつ》」という健康法が推奨されています。何でも腸には人の免疫細胞の大部分が集まっているそうで、その働きを促進するのが繊維質を多く含む野菜だといいます。

毎日たくさんの無農薬野菜を使ったお皿を食卓に並べ、青虫のように食べまくっている私は、きっと「腸一流の男」になっているに違いありません。

自分で野菜をつくるメリットは、それだけではありません。畑仕事は足腰も使えば、腕や手も使います。

太陽の光を浴びながら半日も作業を続けると、ああ疲れた〜となりますが、これが体にもいいのでしょう。

ふだんはウォーキングも習慣にしていますが、畑仕事でもかなり歩きます。いつも万歩計をつけて作業をしていますが、毎日だいたい1万歩以上は歩いています。

寝たきりにならないためには足腰が大事といいますから、70代もこの習慣は続けていくつもりです。

エアロバイクのやりすぎで腰を痛め

不健康は、仕事にもさまざまな悪影響を及ぼします。ですから、健康、健康とあまり神経質になる必要はないでしょうが、いい仕事をするには何よりも健康が土台になると考えています。

私は「父が痛風で母が糖尿をやったので、私はそのハーフです」というネタを舞台で喋ったりします。実際の私は痛風も糖尿もなく、おかげさまで今のところいたって健康なのですが、ハーフという言葉を真に受けた健康雑誌の編集部から、「糖尿病のきみまろさんの話をうかがいたい」と取材の申し込みがけっこう来ました。

ふだんから健康を心がけた生活を送っているせいか、腰や肩が痛いとか、頭や胃が痛いといったこともほとんどありません。

ただ、この間、エアロバイクのやりすぎで腰を痛めてしまい、人生で初めて整体治療院のお世話になりました。

実は私、あん摩《ま》マッサージ指圧師という国家資格をもっています。もし食いっぱぐれるようなことがあったらそれで生計を立てようと、若い頃に取得したのです。でも、笑いのツボは押さえられても、腰のツボはなかなか自分の指では押せませんね。

「人の不幸は蜜の味」で徳を積む

会う人から、「血色もいいし、ほんと健康そうですね、体に悪いところなんてないでしょう?」とよくいわれるのですが、「そうです」ともいいきれない現象が、最近はたまに起こります。

70代になり、足とか手で何でこんなところが痛いんだろうなと思うようなことがときどきあるのです。最近では指の第一関節が赤く腫れて痛くなる「ヘバーデン結節《けっせつ》」になりました。

さすがに年を取れば、体にどこかおかしなところが出てくるのは当然のことです。

でも、私はここで落ち込んだり、暗くなったりすることはありません。

みなさんいいですか、誰にとっても「人の不幸は蜜《みつ》の味」です。ですから自分の不幸(老化現象)を誰かにおもしろおかしく話すのです。

他人にとって、みなさんの不幸は蜜の味ですから、必ず笑ってくれます。人が愉快に笑って幸せそうな様子を見ていると、自分も楽しくなりますし、心の中で「しめしめ、徳を積めたぞ」と思えば、みんなハッピーになれます。

以前、テレビ番組の収録でユニークなデイサービスを行う老人施設を見学したことがあります。ラスベガスという名前で、文字通り、サービスの一環としてカジノ形式のテーブルゲームを行うのです。

もちろん、ストレッチ体操やリハビリのプログラムもあって、その合間に1時間ほどのゲームの時間を午前と午後に1回ずつ、という時間割が組まれています。

テーブルを囲んでお喋りしながら、頭を使ってゲームを楽しむというのは、認知機能の改善や脳機能の向上に効果があるといいます。

デイサービスというと、ふつうは「仕方なく行く場所」だったりするものですが、ここはギャンブルやゲーム好きの利用者ばかりなので「行きたい場所」になっているとか。こんなふうに人生をいろいろな形で楽しめる工夫が施された老人施設がもっと増えるといいなと思います。

私自身はできるだけ自分の力で生活をしていけたらと思いますが、人生何があるかわかりません。高齢で亡くなるまで、体のどこも悪くない、どこもかしこも若い頃と変わらず元気というような人など、この世にいません。

どこか不具合が出たり、痛みが出たり、そうやって少しずつ衰えながら命をまっとうしていくのが自然の摂理です。

加齢による衰えをどれだけ遅くするか、元気な状態でい続けるためには70代がカギを握ると思っています。

不具合や痛みが出ても「当然のこと」と思って必要以上に悲観的にならず、70代を充実させるための努力を、これからも続けるつもりです。

第6章

怒りそうになったら、笑う

上機嫌を保つコツ

機嫌よく生きる。人が生きていく上で、それはとても大事なことです。

できれば、毎日、毎日、朝から晩まで機嫌よく生きたいものですが、人生にはコロナ禍のようなマイナスの事柄も、予期せず起こります。だから、なかなかそうはいかないところがありますが、どんなときにも前向きに明るくいようと努める姿勢は忘れたくないと思っています。

私は明るい性分に生まれついているせいか、後ろ向きに暗くなって不機嫌な顔をするようなことは滅多にありません。母親がとても明るくて活発な人だったから、その血を受け継いでいるのでしょう。

下積みで苦労した時代も、なぜか明るかった。接する人から「君は明るいね」とよくいわれていました。

私は子どもの頃から家でも学校でも、ひょうきんな振る舞いばかりする、ちょっと変わった人間と見られていたようです。

父は仕事の関係で牛や馬のセリ市に私をよく連れていってくれたのですが、セリ人の「はい、4万円から。はい5万円、もういないか、はい7万円……」といった買値を読み上げる口調が何ともいえず格好よく聞こえ、家に帰ってからも、その口調をくり返し真似ていた時期がありました。

それを見て、親は「この子、大丈夫か？」と心配になったそうです。

中学2年生のときに、東京オリンピックがあったのですが、NHKで実況中継をしていたアナウンサーの北出《きたで》清五郎《せいごろう》さんの真似を、クラスのみんなの前でやったことをよく覚えています。

「世界中の青空を全部東京に持ってきてしまったような、素晴らしい秋日和で〜」という開会式における喋りを、そっくりそのまま覚えて披露するわけです。

このように物真似をするのが大好きで、その標的となったのは、アナウンサーのスポーツ実況、芸人の漫談、落語、選挙速報まで実にとりどりです。

そんな人たちの喋りを真似たものを学校で披露すると、みな腹を抱えて笑ってくれたものです。


また前述したように、幼い頃から人を観察するのが面白くて、よく人をジロジロ見るクセがあったようです。

中学生のとき、ある女子生徒からサイン帳に「あなたは私をいつもジロジロ見ていた。社会に出たら嫌われますよ」と書かれたことがありました。好みのタイプだったから見ていたのではなく、非常に個性的で味わいのある顔立ちだったから、あまりに見すぎてしまったのです。

そうやって10代の頃を振り返ると、自分の芸のルーツのようなものが垣間見えて、我ながら興味深いものがあります。「三つ子の魂百まで」とはよくいったものです。

もっとも、そういった人への観察力が、漫談のネタを考える上ですごく役に立っています。仕事の武器になるとも知らず、自分の観察力を幼少時からずっと鍛えてきたわけです。

私が子どものときと変わらぬ上機嫌を保ち続けているとすれば、それは人様に笑って喜んでもらえる仕事をさせていただいていることが大きいと思います。

それともう一つ、野菜づくりの趣味をもっていることもあるのでしょう。**上機嫌に生きるには、好きな趣味をもつことは本当に大事**です。

野菜づくりは自分が食べる喜びよりも、周囲の人に差し上げて喜んでもらえることのほうが大きい。野菜を育てるのは、作業・過程が楽しく、食べておいしく、人にあげて嬉しい。ついでに草むしりも愉快になります。雑草取りなんて面倒でしょといわれますが、草むしりできれいになったところを見ると、気分がよくなるのです。

老いてくると、自分の思うようにいかないことが多かったり、体の調子が悪かったりと、気分がふさいでしまうことがあると思います。だから上機嫌でなんかいられない、不機嫌は老人の特権なんだからそれでいいということを、ある著名な方がいっていました。

でも、**私は不機嫌になるような状況にあっても、機嫌がよくなる習慣のようなものをもって、気分を変えることは大切**だと思います。

痛みのようなコントロールできないものは仕方ありませんが、自分の機嫌はそれなりにコントロールできます。それなのに、人前で平気で不機嫌でいるというのは、少し怠慢である気もするのです。

上機嫌は周りの人を明るくしますが、不機嫌というのはいい影響を与えません。不機嫌すぎるのは、接する人を暗くさせます。どうやったら機嫌がよくなるのか、それを見つける知恵を、老いるほどつけていきたいと思っています。

暴走老人にはなりたくない！

「キレる暴走老人！」といった文字が、派手に週刊誌の見出しを飾ることがあります。実際、暴行と傷害で検挙された65歳以上の高齢者は、20年前と比べて17倍も増えたそうです。

確かに、スーパーやコンビニのレジで店員に文句をつけている高齢者をたまに見かけます。

この間も、喫茶店で「俺はナポリタンを頼んだのに、なんでカレーライスが出てくるんだ！」と怒りまくっている高齢者を見ました。

怒鳴られている若い女性スタッフは、ひたすら萎縮するばかり。助け舟を出したい気持ちになりましたが、結局その方、「急いでつくり直します。代金はいりませんから」というお店の対応に急にトーンが下がって、「もういいよ、これ食べるから」といってカレーライスを黙々と食べていました。

急いでいるといっていたわりには、食後にランチセットでついている珈琲《コーヒー》を悠然とした趣で、すすられていました。

もちろん、こういう方はごく一部です。高齢者がみな怒りっぽくなるわけではありません。逆に性格が丸くなって、穏やかな顔つきになる人だっています。

ただ年を取ると、脳における感情を司る部分が柔軟性をなくして、コントロールしづらくなる傾向は、多少あるそうです。怒りの感情が湧いたときにブレーキがかからず、むしろアクセルを踏んでしまったりするわけです。

怒りたい気持ちになったときは、どうすればいいのでしょう。

最もおすすめの方法は、怒りそうになったら、笑うのです。ただ笑うのではあやしい人になってしまいますから、お気をつけください。

どういうことかといいますと、**怒りそうになっている自分を客観的に見つめ、「おお、腹を立ててるぞ、ぷぷっ」と余裕綽々《しゃくしゃく》で観察する**のです。ちょっと高度かもしれませんが、私は比較的、得意です。

それでも抑えられないときは、別のことを考えたりして、気持ちを切り替えるようにしています。ともかく引きずらない。ずっとそのことを考えていると、余計に怒りの気分が膨らんだりしますから、腹を立てている気持ちからすずっと離れるようにする。「怒っている時間なんて、もったいない。怒っているヒマがあるなら、漫談の新しいネタを練ろう」と考えるのです。

最近は怒りをどうコントロールするかという「アンガーマネジメント」が流行っているそうです。それだけ、怒ったり、イライラしたりする人が増えているということなのでしょう。

アンガーマネジメントでは、怒りの気分におそわれたら、すぐ反応せずにまず「1、2、3、4……」と6秒数えて気持ちを静める「6秒ルール」というのがあるようです。

さらに、自分の怒りのレベルを10段階評価して、「この怒りは3くらいかな、この前のときは7だったから、そんなに怒ることもないや」といったふうに、腹立ちの感情を相対的に見るようにするそうです。

確かに、気持ちを落ち着かせるために数字をかぞえたり、客観的に怒っている自分を10段階で評価したりするというのは、いい方法かもしれません。

あと、これは面白いやり方だなと思ったのは、紙にこういう理由で怒ったという内容を書いて、その紙をくしゃくしゃに丸めて、ゴミ箱に捨てるというものです。

テレビの情報番組で紹介されていたのですが、実験によると、けっこう効果があるようです。番組を見ながら、今度妻と喧嘩でもしたら試してみようと思いました。

私はイライラしたり、不安に襲われたりしたときは、自分を見つめるというより、自宅の前にどっしり構えている富士山をじっと眺めます。富士山が好きなのは、何よりもその姿が美しいからです。

雲の動き、日の射し方一つで、富士山は自在に姿を変えます。同じ景色が一つとしてない。そこに、とても深いものを感じるのです。

テラスの椅子に腰かけて、変化してやまない富士山の姿を1時間でも2時間でも、ただじっと眺める。そうしていると、心の霧が次第にとれて、晴れてくるのです。

夜で富士山が見えないときは、大好きな骨董品を眺めます。香りの立つお茶を飲みながら、陶磁の壺や年輪を刻んだ置物なんかを見ていると、不安になって焦っても仕方がない、という気持ちになります。

怒ることは心にとっても、体にとっても大きなストレスになりますから、本当に損だと思います。「怒らない」「焦らない」「イライラしない」、そんな標語を掲げて70代を生きていきたいと思っています。

悪口には悪魔的な魅力がある

亡くなってから、「悪口を一切いわない人だった」という偲《しの》ばれ方をされる人がいます。悪口をいわないというのは、その人の徳を物語る象徴的な行為ということなんでしょう。

悪口を一切いわない人なんているのかなと感じるでしょうが、本当に悪口をまったくいわない人というのは、非常に少ないとはいえ、実際にいます。

もちろん、あいつ嫌だなとか心のなかで思ったりすることはあるでしょうけれど、口にするのはせいぜい独り言までで、そういう人は人前では悪口を絶対にいわない。

話題になっているプロ野球・北海道日本ハムファイターズの新監督に就任した新庄剛志さんは、人の悪口をいわないそうです。そういう人間性も評価されての監督就任だったのでしょう。

悪口をよくいう人と話をしていると、結局、この人は自分の悪口もどこかよそで、いっているだろうなと感じたりするものです。すぎた悪口は、確実にそれを喋る人の評価を下げます。

それでも人の口から悪口が絶えないのは、悪口が面白いからです。

週刊誌なんかもある意味、人の悪口で売れているようなものですし、ネットの世界はそれこそ悪口のオンパレードみたいなところがあります。

悪口が一切ない、居酒屋で酒を酌み交わしているオヤジ同士の会話なんて、ほぼないでしょう。

悪口がまったく混じらずに、喫茶店でお茶を飲んでいるオバチャングループが存在しないのと同じです。

悪口には、どこか悪魔的な魅力があるということです。

でも、やはり悪口はできるだけいわないほうが精神衛生上もいいし、周りの雰囲気も明るくなります。

私も人並みの人間ですから、もちろん悪口めいたことを、ちょろっといったりすることはあります。ただ中高年への毒舌は、悪口とはぜんぜん違います。

悪口をいいたくなったときは、それを愛ある毒舌に変えたいと考えます。

ところで、私が亡くなったら、どのようにいわれるでしょう。

「毒舌を貫いた人生だったが、本当は常に周りに気遣いをする優しい人だった」……

願わくは、そういわれたいものですが、みなさんはいかがでしょうか。

仮に60代まではまったく悪口をいわない人だったとしても、70代で悪口をいいまくっていたら、のちのちその人は「会うたびに人の悪口をいっていた」と思い出されてしまいます。

みなさん、そう心得て、ともに心穏やかに70代を過ごしましょう。

お金は「あの世」に持っていけない

私の知り合いに何十億というお金を持っているのに、全然お金を使わない人がいます。

「いつ使うの?」と聞くと、たとえば1億円の定期預金があるとすれば、1億円の形を崩したくないから使いたくないといいます。

さらに「いつかは使うときがあるんでしょう?」と尋ねると、「使ったらなくなるからね」といって、死ぬまで使わない素振りです。もしかしたら、あの世にお金を持っていく方法を発見したのかと疑いたくなるほどです。

そこそこ使ってもなくなるような金額ではないのに、毛の先ほども使わない。その徹底ぶりは逆に見事といいたくなるようなところがあります。

本人は人生最後というときになったら寄付でもするといっていますが、おそらくそれもしないいんじゃないかと思います。

お金に執着する人は長生きするという説もありますから、この人は長生きするかもしれません。

私は必要とあれば、お金はスパッと気持ちよく使う主義です。迷わないんです。そのせいで、へんな骨董品を衝動買いしてしまうことも多々あるのですが。

以前、骨董屋に行った際、店主が「この商売を何十年もやって、こんな素晴らしいものは見たことがない」と勧めてきたものがありました。

そのときも、購入を決断するのに3秒とかからない。何か強く訴えてくるものを感じたからです。もしかして偽物かもしれないけど、商品に力を感じたのです。

ところが、しばらくして、その店をまた訪ねたら、また同じものが置いてあります。

「いやあ、たまたま出たんですよ」と店主は弁解していましたが……。


お金がないときは仕方ありませんが、お金はあまりケチらないほうがいいと思います。なぜなら**お金を使うことは、自分を活かすこと**だからです。

無駄な投資はもちろんしないほうがいいですが、これは自分にとって値打ちがあるとか、勉強になるとか、あるいは心を豊かにしてくれると思って使うのであれば、生きたお金になります。

いずれにせよ、**生きているうちにしかお金は使えません**から。

そして70代は、自分が欲しいものを自分で買いに行き、楽しめる最後の年代になるかもしれません。80代、90代になって寝たきりの状態になったときに、「あれが欲しい」と思える気力が残っているか、仮に残っていても自分で買いに行けるか、あやしいものです。

お金は使えるときに使うべきです。日本人は死ぬときが一番金持ちなどと揶揄《やゆ》されることがありますが、残念ながら、あの世にお金は持っていけないのです。

お金は社会を動かす血液のようなものですから、生きたお金をどんどん使うことは、社会の発展にも貢献するはずです。

お金の使い方には、その人の生き方や人生観といったものが現れます。自分だけでなく、周りも幸せにする。私自身、そんなお金とのつき合い方というのをもっと考えていきたいと思っています。

自分を見てくれている人は、必ずいる

不遜ないい方に聞こえるかもしれませんが、私にはライバルがいません。

ライバルがいないほど、私がすごいといっているんじゃありませんよ。自分でいうのもなんですが、私の漫談スタイルというのは、あくまで私だけのものであって、こ

の点においては競争したくても、競争する相手がいないんです。

　テレビをつけると若い芸人たちが競い合うように喋って、芸を披露していますが、自分にはライバルがいない。

　私の話芸は長い時間をかけてつくりあげていったもので、「この芸人さんはいいな」と思うことはあっても、誰かの真似をしたとか、あるいは特定の人から強い影響を受けたとかいうものがありません。格好をつけていえば、自分だけの形を模索していった果てのオンリーワンです。

　その意味で、あくまで自分自身が最大のライバルであって、同じ土俵で戦うライバルというのがいないのです。ただ、そう自信をもって思えるようになったのは、50歳過ぎでブレイクして、人気が安定してからのことなのですが。

　そもそも私は同じ土俵で人と比べたり、競争したりするよりは、**自分の好きなこと、関心のあることをやっていれば、それでいい**と思うタイプです。それが基本路線としてあったから、周囲の評価に大きく惑わされることなく、自分の芸の道を貫くことができたのだと思います。

とはいうものの、ブレイクするまでは、華々しく活躍している同世代の芸人たちを横目に見て、焦りややっかみの気持ちが多少なりともあったことは事実です。

若い頃は、周りにいた同世代の芸人たちは、みなライバルといえばライバルでした。どっちが先に世に出るかみたいな競争意識も当然ありました。

テレビのオーディションを受けても、ことごとく受からず、悶々《もんもん》としていた時期もあります。

一緒にキャバレーのステージに出ていた芸人はテレビで人気者になっているのに、自分だけ置いてけぼりをくらっていると「何で俺がダメなのか、このまま埋もれてしまうのか」と悔しさや不安に襲われることもありました。

それでも諦めなかったのは、意地です。故郷を捨てて何十年も続けてきたのに、ここで終わってたまるかという憤然《ふんぜん》たる思いと、ずっと支えてくれた家族や友人を裏切りたくないという気持ちが、折れそうな私の心をいつも奮い立たせていました。

「きっと大丈夫。いつか世間が必ず自分の漫談をわかってくれるときがくる。人と奪い合うことのない、花を咲かせる自分の場所がきっとあるはずだ」

そう何度も何度も自分にいい聞かせ、希望を決して失いませんでした。芸風を戦わせるという真の意味でのライバルはおらず、徹底して独自路線を貫いたことは、結果的にはラッキーだったと思います。

見てくれる人は、ちゃんと見てくれている。そう思ったのは、こんな下積み時代から数十年もたったときのことです。

今から7年ほど前ですが、とある番組の企画で、私はビートたけしさんとお会いする機会がありました。

私にとって、たけしさんは昔から、とても憧れている芸人です。そのことを正直に告白したところ、意外にもたけしさんは、こうおっしゃったのです。

「いや、違うんだきみまろさん、おいらがあんたに憧れていたんだよ」

面くらいましたが、上辺だけのお世辞ではありませんでした。

たけしさんは売れっ子になってからも、人づてに聞いて私がキャバレーでやっている漫談をお忍びで見に来てくれたそうです。80年代に漫才ブームが起こったときも、

「なんできみまろが出てこないんだ」と気にしてくれていたといいます。

「あのときの感覚は間違っていなかった、よくぞここまで這い上がった」と嬉しそうに話してくれるたけしさんの言葉を聞いて、私は返す言葉が見つからないほど感動したことを、昨日のことのように覚えています。

70代には「人と比べる時間」は残っていない！

「人とは違う、自分だけが咲ける場所を見つけるといい」というお話をしましたが、競争意識を抱くこと自体は、特に若い人にとっては、向上心を刺激してくれるという点ではいいものです。

ただ、自分を他人と比べすぎると、あまり楽しくはないし、ハッピーじゃないなという気分が勝ってしまいます。

ですから、そんな経験からいうと、自分を向上させる方向に競争心を上手に使えないときは、自分を冷静に見つめ直したほうがいいのでしょう。

そして、**自分にしかないものを探し、それを磨いていくことが大事**だと思います。

それは70代からだって、ちっとも遅くはありません。そうすれば、人と同じ椅子を巡って争わなくてもよくなります。

特に70代にもなると、残された時間は限られますから、なおさらです。

私の漫談のネタとなるのは、人と比べるような競争から降りたような人が多いのですが、結局、私はそんな人たちが大好きですし、そこからが人生の本番といいますか、本当の意味で人生を味わいつくせると思っているのかもしれません。

ウケるお客さん、ウケないお客さん

南は沖縄、北は北海道まで全国津々浦々、私の公演は場所を選びません。行く先々の土地にはその土地固有の生活習慣、文化といったものがあります。笑いやユーモアもそうです。笑いの文化というものも、微妙に土地によって違ったりするものです。大阪の芸人と東京の芸人を比べれば、そのことはよくわかります。

大阪と東京の真ん中の名古屋もまた、独特の雰囲気があります。名古屋は大阪の芸人も東京の芸人も来るところで、業界では名古屋で笑いを取れたら一流といわれたりします。

実際、公演で同じネタを喋っても、場所によってウケ方が微妙に違ったりします。思っていた以上にウケたりすることもあれば、その反対のこともあります。これは、その土地の人がもっている笑いのセンス、笑いの文化といったものが背景にあるからでしょう。

東京の芸人さんが大阪に行って活動したけれども、うまくいかなかったという話を聞くことがありますが、やはり関西には関西独特の笑いの感覚があります。

東京の芸人が大阪でウケないことが多い理由の一つには、標準語で喋るということもあげられます。

私は関西弁は喋れませんが、意外と関西でのウケは悪くないんです。関西の人は本音トークをしますから、こちらも毒舌をきつくしたほうがウケる印象が強いです。

最近、東大阪で公演をしました。コロナ禍ですから定員の半分のお客さんでしたが、みなさんの笑い声がマスク越しにもかかわらず、会場に大きく響いていました。

コテコテの大阪のおばちゃんが一斉に口を顔いっぱいに広げて（マスクで見えませんが）、目を細めている様子を見て、「コロナ禍で、笑いを求めている人が増えているんだろうな」と思いながら、私もとても嬉しくなりました。

公演で喋っているときは、みなさんの顔を見て反応を確かめながら、話の内容やテンポを組み立てます。

ですから、みなさんがマスクを着けていると、キョロキョロ動く目の表情しか見えないので、正直、話のリズムをつかむのが難しかったりもします。

なかにはカマキリの目のような、どデカいサングラスをかけているご婦人がいらっしゃることがありますが、そうなると、もう笑ってくれているのかどうかもわからなくなります。

私の漫談のネタでこういうのがあります。

病院では最近、患者のことを「患者さま」というらしいです。お客さま扱いなんですね。それでもって、次のような会話が交わされているそうです。

「患者さま、どうぞ、お入りください。どうなさいました？」

「せ、先生、私、このシワ、隠したいの。どうにかなりません？」

「奥さん、シワを隠す前に、その顔を隠しなさい。そうすれば、シワもわからなくなるから」

こんなことをいうお医者さんのいる病院は、間違いなくツブれます。

最近の公演会場は、まさにこの漫談のような洒落《しゃれ》にならない状況になってしまっているわけです。

マスクしている状況を逆手にとって、最前列に座っていらっしゃるお客さんに「奥さま、もうマスクは外さないほうがいいですよ」とか「奥さまは目までマスクをかけられたほうがいいですよ」なんていったりしますが、コロナそのものは漫談のネタにはできないものです。

どういう舞台になるかは基本、出たとこ勝負です。それでも舞台に上がる5分くらい前に楽屋からソデまで行き、お客さんの雰囲気を確かめ、心の準備をします。

そのときに全員がマスクを着けていると、会場の空気感を察知できません。こちらを向いているお客さんが全員マスクを着けている状況は、実にやりにくいのです。

その点でコロナ禍以前と比べると、舞台芸人は場をつかみとる感覚をより鋭くさせないといけないでしょうし、今まで以上にプロフェッショナルになることが求められているだろうと思います。

理想はお客さんが1時間笑い続ける漫談

私の講演は、決まったシナリオがあるわけではありません。お客さんの反応を見ながら、その都度、状況に合わせてネタを繰り出します。つまり、毎回、反応や雰囲気によって、話の順番や組み合わせも変えるわけです。

ネタも新陳代謝をよくするために、常に新しいものを考えて投入していかなくてはいけません。

ネタづくりは、それこそ1日24時間、暇さえあれば考えています。街を歩いて中高年の方々を観察してパッとひらめくものがあれば、ネタ帳を取り出して書き留める。洗面所でカツラの手入れをしているとき、面白い自虐ネタが浮かべば、カツラを置いて、ネタ帳にさっとペンを走らせる。そんなふうにして書き溜めたネタ帳は、これまで段ボール箱で少なくとも10箱以上はあります。

ステージの漫談はすべて録音し、出番前や夜寝る前、移動中の新幹線の中など1日2回は聞くようにしています。話すスピードや間のとり方、声のトーンをチェックする意味もありますが、お客さんの反応を確かめて、ネタの押し出し方などを考えるのです。ですから、毎日が勉強です。

「きみまろさんの喋りは、テンポが速いですね」といわれるときがあります。でも、それでいいんです。というより、それだからいいのです。

もし私がナレーターとしても活躍されている森本レオさんばりのしんみりとした口調でずっと喋っていたら、どうでしょう。毒舌っぽい内容のものは、むしろシリアスに響くだけの嫌味になりかねません。

そんな私の喋りを徹底して鍛えてくれたのは、寄席です。私は50歳になったとき、高座に出たいと思いました。30年に及ぶ下積み時代には、それこそありとあらゆる場所でマイクを握ってきました。キャバレー、クラブ、遊園地、神社、体育館、結婚式場、老人ホーム、刑務所……、舞台として出ていないのは寄席の高座だけでした。

そんな思いが通じてか、前々から憧れていた鈴々舎《れいれいしゃ》馬《ば》風《ふう》師匠の門下生となり、念願かなって高座に上がることができたのですが、寄席のお客さんは厳しかった。みな落語が目当てですから、落語の演目の間にちょろっとはさまれる漫談には、初めから期待していません。

みんなトイレに行ったり、煙草を吸いに行ったりして、20〜30人程度のお客さんしかいない。しかも、キャバレーや歌謡ショーで爆笑を誘ったネタがちっともウケない。「よし、こうなったら絶対に笑わせてやる」、そう思いながら、あらゆる持ちネタを試してはスベり、試してはスベりをくり返していました。

そんな失敗を重ねるうちに、お客さんとの呼吸を合わせることがとても重要であることに気づきました。舞台袖で聞いていた人気のある落語家はみな、そのときどきのお客さんによって呼吸を変え、間のとり方も微妙に変更していたのです。

面白いネタだからといって一方的に差し出すのではなく、お客さんとの呼吸を合わせてこそ、笑いは生まれる。そのことがわかってからは、話すスピードや間を状況に応じて変えていく工夫をし、客席から少しずつ笑い声が聞こえてくるようになりました。

このときの経験から、公演では毎回お客さんの反応を見て、話す順番や内容を入れ替えるようになったのです。

ところで、舞台の仕事には、100点満点ということがありません。自分ではうまくできたなと思っても、お客さんのほうはそこまでよかったとは感じてくれていないこともありえます。

自分で今日は90点だったなとか、何とか80点だったとか決めるしかない。今一つ満足がいかないときは、お客さんのノリがよくないからと、お客さんのせいにしてしまうこともあります。ある高名な落語家も、そんなことをいっていました。

ただ、今後の参考のためにお客さんからの素直な評価は知っておきたいので、ショーが終わって帰っていくお客さんの「ああ、面白かった」とか「ちょっとつまらなかった」とかといった感想を、プロモーターの方に聞いてもらうようにしています。

私の理想は公演の間、お客さんがずっと笑い続ける漫談です。お経のように絶え間なく、最初から最後まで笑いが続く完璧な漫談。こちらもお客さんも最高にノッて、ピタリとかみ合ったまま最後まで突っ走り、笑わせるツボとツボの間もなんだか面白くて、みんなクスクス笑っている。

そんな100点満点の舞台なんぞ、死ぬまで実現することはないかもしれませんが、それでもそこに一歩でも近づきたい。そう願いながら芸の精進を重ねる日々なのです。

70歳は「まだまだひよっこ」

私は52歳でブレイクし、それから約20年がたったわけですが、振り返ればこの歳月はあっという間でした。時間の感覚は年齢を重ねるほど速くなるものですから、古希になった私がこれから10年間生きて80歳になるのは、さらにあっという間でしょう。

以前「徹子の部屋」（テレビ朝日）に出演したとき、黒柳徹子さんに「70歳で引退したほうがいいでしょうか？」と相談したことがあります。

すると徹子さんに「何いっているの！　あなたよりずっと年上の私がまだやっているのよ。70なんてまだまだよ」とピシャリとお叱りを受けました。そういわれて、「よし、まだまだ頑張らなきゃ！」と思いました。

呂律《ろれつ》が回らなくなったり、舞台に長い時間立っていられなくなったときこそ、仕事のやめどきですが、それまでは精一杯仕事を続けていこうと考えています。

ただ、仕事もできて、体のほうもちゃんと動いて、自分でたいがいのことができるのは、あと10年ほどかなと実は思っています。

つまり80歳。自分の人生の終点は、そのあたりでいいかなと考えているのです。

もちろん、**それ以上元気に生きられれば、儲けもの**です。

この間調べたのですが、１００歳以上の超高齢者は１９６３年には全国で１５３人しかいなかったそうです。ところが平均寿命が延びるにしたがって、１００歳以上生きる人も年々増加、２０２１年は８万６５１０人になったそうです。たった60年弱で、５６０倍くらいになったのですから、驚異的です。そのうち約９割は女性だそうです。

１００歳を祝って敬老の日に首相から贈られてきた銀杯は、数年前から銀メッキに変更されました。予算の削減というのが理由ですが、以前と比べて１００歳の希少性は減ってきていることを暗に語っているようです。

もっとも１００歳まで生きても、日常生活に制限がなく、自立して生活ができる人がどのくらいいるかというと、かなり心もとない気がします。

現在、健康寿命（２０１９年度）は女性が75・３８歳（平均寿命は87・４５歳）、男性が72・６８歳（同81・４１歳）です。１００歳まで頭も体も健康な状態で生きられるなどというのは、至難の業でしょう。

人生に締切をつくると、生きる時間が濃厚になる

長生きには、当然ながらいい面もあれば、よくない面もあります。長生きして幸せだという人もいれば、長生きだけど幸せではないという人もいます。

でも長生きそのものは、どこかおめでたいという感覚があって、90歳くらいになると、その人を「長生きですね」とほめたりします。

100歳くらいになると、なかなかそこまでの人はいないので一緒に写真を撮ったり、大事にされたりする。そういうのを見ると、私も頑張って長生きしようという気になります。

知り合いの90歳になるお年寄りの方は、3年ほど前から「わしは明日死んでもいい」といっています。絶対「今日死んでもいい」とはいわない。今日は死にたくないけど、明日は死んでもいいといいながら、ずっと生きている。この強気な発言を聞く

と、まさに**長生きは芸の一つ**なんだなと思います。

自分よりも高齢の方にいろいろ聞いてみたところ、年を取ると、体力や体の動きがガクッと落ちる年齢の壁のようなものがあるといいます。

70代には70歳の壁、80代には80歳の壁、90代には90歳の壁、こりゃきついなという大きな壁が節目、節目であるそうです。

そんなことをあれこれ考えると、長生きは単純にいいとはいいきれない気もしてきます。私の80歳という目安も、実はこの健康寿命の平均値を考慮して出した数字なのです。

一体自分はいくつまで生きるんだろう、と思うと取り留めのない気分になったりしますが、**80歳で人生は終わりだと思って70代を悔いなく過ごせば、生きる時間がより濃くなるように感じます。**

そういう気持ちで１００歳まで過ごせれば、最高の生涯になりそうな気がします。

私は趣味で骨董品を集めていて、それが相当な数になるのですが、そのコレクションもそろそろやめようかと考え始めています。

高価なものは何一つないのですが、他人から見ればガラクタのような骨董がすでに大きな倉庫にびっしりあって、河口湖の自分のお店に飾って、お客さんにも見ていただいているほどの量がある。これ以上増やすと家族に迷惑をかけるし、私が亡くなったあと、どうするんだという話になります。ですから、もうこれ以上集めるのはよくないんじゃないかと思い始めているんです。

そんなことも、80歳まであと10年という時間感覚のなかで芽生えてきたものです。

人生の未来の時間を決めて、そこから逆算して自分の人生を眺める。仕事でも締切があるから一生懸命に仕事をしたりするわけです。

人生にも締切を設けるというのは、いい人生を送るコツかもしれません。

70代のみなさんは、自分の年齢を考えて、「自分の時代は終わった」「青春も終わった」「この先、いいことは何もない」「終活でも始めようかしら」などと思っていたかもしれません。

ですが、本書を通して、私は「70代がいかに大事か」ということをお話ししてきました。

人生は、楽しんだ者勝ちです。笑った者勝ちです。

あの世に行ったら、笑えるかどうか、わかりません。

ですからみなさん、生きているうちに、1回でも多く笑おうではありませんか！

著者略歴

綾小路きみまろ《あやのこうじきみまろ》

一九五〇年、鹿児島県生まれ。漫談家。落語協会会員。漫談家を目指して上京し、七九年デビュー。キャバレーの司会者や森進一、小林幸子、伍代夏子ら演歌歌手の専属司会者を務めながら修業を積む。中高年の悲哀を題材とした自作の漫談テープがきっかけとなり、二〇〇二年にCD「爆笑スーパーライブ第1集！中高年に愛をこめて…」をリリース。百八十五万枚超の売り上げを記録し、以降、「中高年のアイドル」としてライブをはじめ、各メディアで絶大な人気を誇る。現在もライブツアーのほか、YouTubeチャンネルを開設するなど、精力的な活動を続けている。CD・DVD総売り上げ五百二十万枚超、著書累計二百万部超。

幻冬舎新書 651

人生は70代で決まる

二〇二二年五月二十五日 第一刷発行
二〇二二年六月 十一 日 第三刷発行

著者 綾小路きみまろ
発行人 志儀保博
編集人 小木田順子
編集者 四本恭子

発行所 株式会社 幻冬舎
〒一五一−〇〇五一 東京都渋谷区千駄ヶ谷四−九−七
電話 〇三−五四一一−六二一一(編集)
〇三−五四一一−六二二二(営業)
公式HP https://www.gentosha.co.jp/
ブックデザイン 鈴木成一デザイン室
印刷・製本所 株式会社 光邦

Printed in Japan ISBN978-4-344-98653-4 C0295
あ-19-1

*この本に関するご意見・ご感想は、左記アンケートフォームからお寄せください。
https://www.gentosha.co.jp/e/